店铺运营

网上店铺视觉营销手册

曹天佑　刘绍婕　时延辉　编著

U0274502

清华大学出版社
北京

内 容 简 介

本书以实例和设计理论相结合的方式介绍了店铺运营中视觉营销图像的运用。根据在店铺运营中后台所涉及的各个知识点，精心制作了多个通过Dreamweaver编辑代码、图片空间复制链接来完成的最终视觉效果实例，其中包括全屏首屏广告、全屏轮播图、店铺店招与导航、店铺公告模板等效果的应用。

本书由一线电子商务教师和网店店主编写，循序渐进地讲解了网店后台运用美工设计的图片效果所需要具备的各方面知识。全书共分为6章，依次讲解了网店页面布局对买家的吸引、店铺配色与商品色彩、图片的切割与优化、网店装修中Dreamweaver的应用、图片空间素材中心的使用以及店铺可装修区域的应用。

本书采用案例与理论相结合的编写方式，兼具技术手册和应用技巧参考手册的特点，技术实用，讲解清晰，不仅适合想要免费加强自己网店效果的初、中级读者阅读，也可以作为大中专院校相关专业及电子商务方向培训班的教材。

本书封面贴有清华大学出版社防伪标签，无标签者不得销售。

版权所有，侵权必究。举报：010-62782989，beiqinquan@tup.tsinghua.edu.cn。

图书在版编目(CIP)数据

店铺运营：网上店铺视觉营销手册 / 曹天佑，刘绍婕，时延辉编著 . —北京：清华大学出版社，2022.3

ISBN 978-7-302-59909-8

Ⅰ．①店…　Ⅱ．①曹…②刘…③时…　Ⅲ．①网店—运营管理—手册　Ⅳ．① F713.365.2-62

中国版本图书馆 CIP 数据核字 (2022) 第 018563 号

责任编辑：韩宜波
封面设计：钱　诚
责任校对：周剑云
责任印制：杨　艳

出版发行：清华大学出版社
　　　　　网　　　址：http://www.tup.com.cn，http://www.wqbook.com
　　　　　地　　　址：北京清华大学学研大厦 A 座　　　　邮　　编：100084
　　　　　社 总 机：010-83470000　　　　　邮　　购：010-62786544
　　　　　投稿与读者服务：010-62776969，c-service@tup.tsinghua.edu.cn
　　　　　质 量 反 馈：010-62772015，zhiliang@tup.tsinghua.edu.cn
印 装 者：小森印刷（北京）有限公司
经　　销：全国新华书店
开　　本：185mm×260mm　　　**印　　张：**15.5　　　**字　　数：**372 千字
版　　次：2022 年 5 月第 1 版　　　**印　　次：**2022 年 5 月第 1 次印刷
定　　价：69.80 元

产品编号：087955-01

前言

随着网上购物的兴起，自己开一家淘宝店创业已经不是什么新鲜事了。但是，开店是一回事，经营网店又是另一回事。在网店中运用视觉效果来吸引买家是既经济又实惠的一种选择。电商视觉营销方面的图书非常多，但多数以理论和点评为主，而本书真正将视觉效果应用到店铺运营中，通过实例进行了细致的讲解。

店铺运营中应用视觉效果，除了在淘宝后台中设置以外，还要结合使用Photoshop、Dreamweaver和素材中心，目的就是最大化地吸引买家，从而加大流量，为店主创收。

本书在最初的策划阶段就是本着吸引买家的注意力，并替店主省钱等方面综合考虑而创作的。店铺运营中应用的全屏轮播图、全屏广告等收费环节，都可以通过学习本书中的知识，自行制作，真正让卖家做到即学即用。本书作者有着多年丰富的电商教学经验、店铺运营以及装修的实际设计工作经验，把自己总结出的经验和技巧展现给读者，希望读者能够在体会各种软件强大功能的同时，将设计创意和设计理念通过软件运用到店铺运营中来，更希望通过阅读本书能够帮助读者解决店铺运营时遇到的一些难题。

本书特点

本书内容由浅入深，丰富多彩，力争涵盖网店视觉及装修的全部知识点。以实例结合理论的方式对网店运营进行实际应用的讲解，使读者在学习时少走弯路。

本书具有以下几方面的特点。

● 内容全面，几乎涵盖了网店视觉营销所涉及的视觉图像、配色和店铺整体的各个元素模块。从图片切片、网店代码的编写等一般流程入手，逐步引导读者学习网店运营中所涉及的各种技能。

● 语言通俗易懂，讲解清晰，前后呼应。以最小的篇幅、最通俗易懂的语言来讲解每一项功能和每一个实例，让读者学习起来更加轻松、阅读起来更加容易。

● 实例丰富，技巧全面实用，技术含量高，与实践紧密结合。本书由具有丰富教学经验的网店设计一线老师编写，每一个实例都倾注了作者多年的实践经验，每一个功能都经过了技术验证。

● 注重理论与实践相结合。在本书中，实例的运用都是以网店设计中某个重要的知识点展开的，使读者更容易理解和掌握，从而方便知识点的记忆，并能够举一反三。

本书读者对象

本书采用案例与理论相结合的编写方式，兼具技术手册和应用技巧参考手册的特点，技术实用，讲解清晰，不仅适合想自己运营店铺的初、中级读者阅读，也可以作为大中专院校相关专业及电子商务方向培训班的教材。

本书由曹天佑、刘绍婕和时延辉编著，参与编写的人员还有王红蕾、陆沁、吴国新、戴时影、刘冬美、陈美荣、尚彤、张叔阳、葛久平、孙倩、殷晓锋、谷鹏、胡渤、赵頔、张猛、齐新、王海鹏、刘爱华、张杰、张凝、周荣、周莉、金雨、陆鑫、刘智梅、王君赫、潘磊、付强、蔡凌燕、秦怡婷、曹培军等。

本书提供了案例所需的素材、源文件、视频文件以及PPT课件，通过扫描下面的二维码，推送到自己的邮箱后下载获取。

素材、源文件及PPT课件　　　　　视频

由于作者水平有限，书中疏漏之处在所难免，敬请读者批评、指正。

编　者

目录

第2章 店铺配色与商品色彩

第3章　图片的切割与优化

第4章　网店装修中Dreamweaver的应用

第5章　图片空间素材中心的使用

第6章　店铺可装修区域的应用

第 1 章
网店页面布局对买家的吸引

| 本章重点 |

▶ 网店栏目和页面设计策划

▶ 网店布局的基本元素

▶ 版面布局设计

▶ 为网拍商品制作统一边框

▶ 统一间距与对齐

▶ 图像制作的布局

▶ 认识版式布局设计的内容

▶ 网店版式设计的基本类型

▶ 版式设计的基本流程

消费者进入网店浏览时，第一印象往往就是该店铺的页面版式，即大家常说的店铺格局、各个元素在页面中的摆放位置。本章主要为大家介绍店铺的整体布局知识以及布局中各个元素之间的细节问题，使读者了解布局在店铺运营中的重要性。

在将网拍商品图片上传到网店之前，需要细致地分析整体页面的布局，设计版式构图，目的是让商品在进入网店后更加具有吸引力，使其在同类型产品中获得买家更多的关注。同样的商品图片如果不在布局上进行一些细致的调整，往往会给浏览的买家一种都差不多的感觉，从而丧失商机。本章就是为了突出页面中的产品而专门设置的，无论是页面的设计策划、网店布局的基本元素、间距与对齐，还是为网拍商品制作统一边框，目的都是让自己的产品与淘宝其他店铺中的同类产品有所区别，在同一类型中能够最大限度地吸引买家的眼球。如图1-1和图1-2所示的图像为经过美工设计的商品摆放布局页面和没有进行版式设计直接上传商品的页面。

图1-1　网店中精心设计的商品布局页面　　　图1-2　网店中直接上传商品的页面

1.1　网店栏目和页面设计策划

网店是为了卖货而不是为了满足店主的审美需求而开的，因此不是店主想如何设计就如何设计的，一家网店设计得再漂亮、功能再全，如果不能满足客户的需求，那么这家网店的设计就是失败的。一种好的店铺装修风格首先要了解客户也就是买家的需求，说白了就是让浏览者以自己最习惯的方式在店铺中进行畅快的选购，只有这样才会促成最后的购买，并将购买者变为自己店铺的常客，说不定此顾客还会成为其他顾客与自己店铺的一道桥梁，成为该店铺一位忠实的宣传者。

1.1.1 策划在制作之前的作用

一家网店没有从全局进行策划，带来的最大副作用就是盲目，也就是不知该从哪里下手，这样的话，你就是投入得再多，付出得再大，最后也不会获得理想的结果。

了解本店是否符合市场需求、页面是否符合买家的使用习惯、整体是否符合运营要求，在开店前进行专业的详细策划，可以为店主带来以下几点好处。

1.避免日后返工，提高运营效率

很多网店店主并非网页制作方面的专业人士，因此总是在不断地修改网店页面。所以，为了避免以后不停地返工修改网店页面，事先对本店的各个环节进行细致的策划是非常必要的。

2.避免重复烧钱，节约运管成本

当网店整体设计好之后，上线一段时间为何仍然没有很多买家？即使进行大范围推广，收效仍然甚微，这时就应该反思自己店铺各个环节存在什么问题，尤其是用户使用习惯的问题。所以店铺做出来之后，总是无法留住更多用户。因此，如果想节省运营成本，就应该反省网店自身的定位，做好网店的策划。

3.避免投资浪费，提高成功概率

在开店之前就应该做好关于本店的详细策划，如市场的考察、买家群体的定位、赢利模式的研究。只有进行了详细思考和策划，才能使自己的投资不白花，从而避免浪费。

4.吸取教训，成功运营

在对网店进行策划时，不但要对网店内的栏目内容进行详细策划，还应该对网店的市场定位、运营模式、运营成本等重要环节进行重点策划。

1.1.2 网店栏目策划

相对于网店页面及功能规划，网店栏目规划的重要性经常被忽略。其实，网店栏目规划与网店运营的成败有着非常直接的关系，网店栏目兼具以下两种功能，二者不可或缺。

1.提纲挈领，点题明义

对于当前的用户来说，网速越来越快，网络的信息越来越丰富，浏览者却越来越缺乏浏览耐心。打开网店不超过10秒钟，一旦找不到自己所需的信息，网店就会被浏览者毫不客气地关掉。要让浏览者停下匆匆的脚步，就要清晰地给用户提供网店内容的"提纲"，也就是网店的栏目。

网店栏目的规划，其实也是对网店内容的高度提炼。即使是文字再优美的书籍，如果缺乏清晰的纲要和结构，恐怕也会被淹没在书本的海洋中。网店也是如此，不管网店的内容有多精彩，缺乏准确的栏目规划，也难以吸引浏览者的关注。

因此，网店的栏目规划首先要做到"提纲挈领、点题明义"，即用最简练的语言提炼出网店中每一个栏目的内容，清晰地告诉买家网店在卖什么、有哪些信息和功能。如图1-3所示的店铺为具有提纲挈领栏目的页面。

2.指引迷途，清晰导航

网店的商品越多，买家就越容易迷失。除了"提纲"的功能之外，网店栏目还应该为买家提供清晰直观的导航指引，帮助买家更加方便地找到网店所有商品的页面。网店栏目的导航作用通常包括以下几个。

1）店招上的固定分类导航

店招上的固定分类导航可以帮助买家快速地找到所需的栏目。通常情况下，此类导航都是与店招捆绑在一起的，位置也会固定在网店店招的下方，目的是让买家进入店铺后以最快的速度找到自己想要的商品，如图1-4所示。

图1-3　具有提纲挈领栏目的店铺

图1-4　店招上的固定分类导航

2）商品栏目导航

一般情况下，商品的栏目导航都应放置在页面的左侧，也就是所谓的宝贝分类。分类越详细，越能快速地帮助买家找到想要的商品，看到宝贝分类只需单击鼠标即可进入与分类相对应的商品页面，如图1-5所示。

3）搜索类导航

对于店铺的老顾客而言，店招上的固定分类导航与商品栏目导航对其已经没有太大意义，老顾客到店铺的目的就是要以最直接的方式找到他们想要的商品，此时就可以通过店铺中的"搜索店内宝贝"功能进行快速搜索，目的是节省时间，提升浏览效率。店铺中的搜索类型可以按照自定义内容区域的宽度进行插入，这样就可以满足不同人群的需求了，如图1-6所示。

图1-5　商品栏目导航（宝贝分类）

图1-6　快速搜索

4）展示类导航

展示类导航不同于以上三种导航类型，它可以将店主的意愿融入设计中，让导航区看起来非常赏心悦目，展示类导航可以更好地吸引买家的目光，让其更好地了解店铺中的商品种类、更好地理解店主的意图，快速地进入到本商品的详情区，最快地让买家下决心进行交易，如图1-7所示。

一次成功的网店栏目策划，还要基于对买家需求的理解。对于买家需求了解得越深入、越准确，网店的栏目才越有吸引力，才能留住更多的买家顾客，为店主创造更多的利润。

图1-7　展示类导航

图1-7　展示类导航（续）

1.1.3　网店的页面策划

网店显示的页面是网店销售商品的最终展示层，也是买家访问网店的直接接触层。对于网店页面设计的评估，最有发言权的还是网店的买家，然而买家却无法明确地告诉店主想要的是怎样的网店页面，继续浏览或者马上离开网店是他们表达意见最直接的方法。好的网店策划者除了要听取团队中各个成员的意见外，还要善于从买家的购买行为中捕捉买家的意见。

除此之外，建议网店策划者在做网页策划时要遵循以下原则。

1.符合买家心理的网店特点

在头家打开网店的一瞬间，就要让客户直观地感受到企业所秉持的经营理念及特征，如页面色彩、图片、布局、商品的特色等，如图1-8所示。

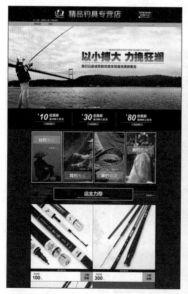

图1-8　较符合顾客心理的店铺界面

图1-8　较符合顾客心理的店铺界面（续）

2.符合买家的浏览习惯

应根据网店经营商品的重要性进行排序。一般消费者浏览网页的习惯通常是从上向下、从左到右，在对商品中的图片进行页面版式排列时，目的就是让用户用最少的时间移动鼠标，找到所需信息。在浏览中放置一些关于此商品的广告，图片要做到与商品主题符合，使买家在浏览过程中被图像吸引，激发买家对本店的兴趣。可以按照现在的粉丝效应，在广告中放入商品对应年龄段比较喜欢的明星，用来吸引买家的眼球，如图1-9所示。

图1-9　店铺中穿插的吸引"眼球"的图片

3.符合用户的使用习惯

根据网店买家的使用习惯，必须将最常用的功能放置在醒目的位置，以便于用户进行查找和使用。如图1-10所示的图像便重点展示了店内特色商品。

4.图文搭配，重点突出

买家往往对于图片的认知程度远高于对文字的认知程度，适当地使用图片可以增强买家的关注度。此外，确立页面的视觉焦点也很重要，而过多的干扰元素会让买家不知所措，如图1-11所示。

图1-10　重点展示商品特色

图1-11　图文搭配

5.利于搜索引擎优化

多用文字描述，以便于搜索引擎更容易收录网店，让买家更容易找到所需的内容。

6.用文字作为图像导航

在图像中以文字作为主体，以文案引导视觉的顺序凸显出店铺要表达的主题以及风格特点，大多数会在第一屏的通栏广告中采用这种版式设计方式，如图1-12所示。

7.采用系列故事展示

首页从上向下按照叙事的方式风格展现商品特点，可以用多条广告进行显示，也可以将图像整体放置到一幅图像中，使页面看起来与主题更加协调，如图1-13所示。

图1-12 以文案引导视觉

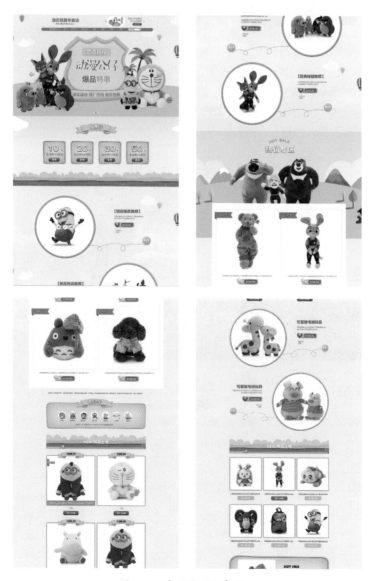

图1-13 采用系列故事展示

1.2 网店布局的基本元素

一个完整的网店页面是由各种功能元素组成的，每种元素都具有独特的功能，其中主要包括"店招""促销广告""宝贝分类""联系方式""店铺收藏""店铺二维码""店铺公告""宝贝展示""宝贝排行"和"详情页"等。

1.2.1 店招

店招是网店的灵魂，在网店中，店招必须放置在页面的顶部，用来说明经营项目，是招揽买家的一个缩览。店招首先要让买家知道店铺的经营范围。

对于实体店来说，店招就是店铺的招牌，从品牌推广的角度来看，在繁华地段一个好的店招不光是店铺坐落地的标志，更能起到户外广告的作用。好的店招要求有标准色（字）、高度、长度、清洁、明亮，灯光会要求亮度、灯光的间隔距离以及打灯的时间。

网店不需要门面，所以店招就是网店的门面，即虚拟店铺的招牌，一般有统一的大小要求。以淘宝网来说，店招标准尺寸为950像素×150像素。默认的店招图片尺寸的高度为120像素，加上默认导航30像素，整个店招的高度为150像素，文件格式为JPG、PNG、GIF。对于自己的门面当然是越吸引人越好，所以网店美工的工作就应运而生了。一个好的店招完全可以体现出本店的特点和所售产品，在让买家记住的同时也就会自然地增加本店的销量。不同店铺设计的店招是不同的，有简单的也有复杂的，如图1-14所示。

图1-14　店招

1.2.2 促销广告

在淘宝网店，将产品直观地展示给浏览者并使产品呈现出广告效果的区域，应该是最受买家关注的区域之一。自定义促销区域在淘宝旺铺中可以分为通栏广告、右侧自定义广告和左侧自定义广告，在制作时要考虑到淘宝店铺对于图片装修尺寸的要求以及大小的要求。如图1-15所示的图像分别为店铺的全屏通栏广告、750自定义广告、190自定义广告和陈列区广告的效果。

全屏通栏广告

750自定义广告

190自定义广告

陈列区广告

图1-15　促销广告

1.2.3 宝贝分类

在网店中，如果上传的宝贝过多，那么查看起来就会显得非常麻烦，此时如果将相同类型的宝贝加以归类，将其放置到与之对应的分类中，再进行查找就会变得十分轻松。网店中的宝贝分类就是为了让买家以最便捷的方式找到自己想买的物品。在店铺中对于宝贝分类可以按照网店的整体格局进行设计，好的宝贝分类可以让买家一目了然，如图1-16所示。

图1-16 宝贝分类

1.2.4 联系方式

在店铺中添加"联系方式"可以让买家对浏览的店铺更加信任。这种联系方式应按照店铺的设计类型选择放置的位置，可以是单独的标准通栏的长度，也可以随左侧或右侧的促销广告一同展现，如图1-17所示。

图1-17 联系方式

1.2.5 店铺收藏

在淘宝网店中之所以会添加醒目的店铺收藏功能，主要有两个原因：一是淘宝系统的收藏按钮太小，难以引起买家的注意；二是店铺的收藏人气会影响店铺的排名。

既然店铺收藏设置的意义在于引起买家的注意，吸引更多人自愿收藏店铺，那么在设计与制作时首先要求醒目，其次才会考虑其他事项，如图1-18所示。

图1-18 店铺收藏

1.2.6 店铺二维码

在淘宝网店中添加二维码后，买家可以通过手机扫描二维码快速进入卖家的手机淘宝店铺，这样更加方便买家在任何地方查看所售的商品，如图1-19所示。

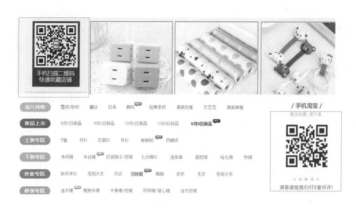

图1-19 二维码

1.2.7 店铺公告

在淘宝网上做生意竞争是非常激烈的，如何才能让买家主动掏钱买自己的商品是每个卖家的共同心愿。在店铺中为了增加销量，卖家会制定很多促销方案，用以激发买家的购买欲望。

如何才能让买家浏览网店时知道本店的促销活动呢？最好的方式就是宣传。宣传的方式很多，第一种是直接在右侧自定义区域输入文字，优点是内容醒目、直接；缺点是将整个店铺的装修毁于一旦。第二种是直接将促销文字与图像相结合，以图像的方式展现在自定义区域中，优点是可以兼顾网店的装修设计；缺点是更换图像不是很方便。第三种就是以公告文字的形式动态地展现在自定义区域中，优点是直观、醒目、内容替换方便；缺点是文字过多会使人产生厌烦感。但是，最直观的宣传方式莫过于店铺公告了，在公告中可以让买家直接了解本店的促销活动，如图1-20所示。

图1-20 店铺公告

1.2.8 宝贝展示

网店中需要出售的商品都应展示在宝贝推荐区域内，如图1-21所示。

图1-21 宝贝展示

1.2.9 宝贝排行

在网店页面添加计数功能，可以让卖家十分轻松地了解到买家的购买心理或用以查看爆款的销售行情，并以此来管理网店，做到心中有数，如图1-22所示。

图1-22 宝贝排行

1.2.10 详情页

在淘宝网店中要想成功地推销自己的商品，就需要在商品详情描述中下功夫，并以此来吸引买家达成交易。宝贝描述模板通常是指包含宝贝描述在内的宝贝介绍页面。这里我们可以将其设计成一个模板，其他宝贝都可以使用这个模板展示。

在网店中，如果每款产品都有一个自己的宝贝描述模式，那么整个店铺看起来就会非常不统一。对于不同的产品制作一个通用的描述模板，可以使整个店铺看起来非常规范，在视觉上也会让买家看起来比较舒服。下面就为大家讲解一下宝贝描述模板的制作方法。通常情况下，宝贝描述模板有两种，一种是宽版950像素，另一种是窄版750像素，不管哪种宝贝描述模板都应该有宝贝说明、宝贝描述、宝贝展示和买家须知等信息，如图1-23所示。

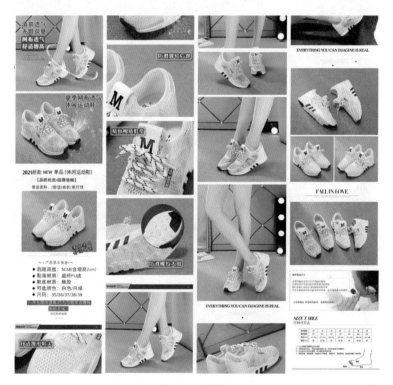

图1-23　详情页

1.3　版面布局设计

网店页面的设计主要体现在编排和布局上。虽然网店的页面设计不如网页页面设计灵活，但是它们有许多相近之处，最终目的还是在视觉上让观赏者赏心悦目，让买家进入店铺就能被其吸引。网店的整体布局可以按照淘宝为大家提供的功能进行设计与操作。在布局中可以进行设置的页面包含"首页""默认宝贝详情页""宝贝分类页"和"店铺活动页"，可以自定义布局编辑的页面是"首页"和"默认宝贝详情页"，如图1-24所示。按照系统提供的布局管理样式，可以根据店铺经营的种类进行与之对应的布局设计，使店铺能够吸引更多的客流量。在制作之前应先绘制一份草图，然后在此基础上再详细设计各个区域，如图1-25所示。

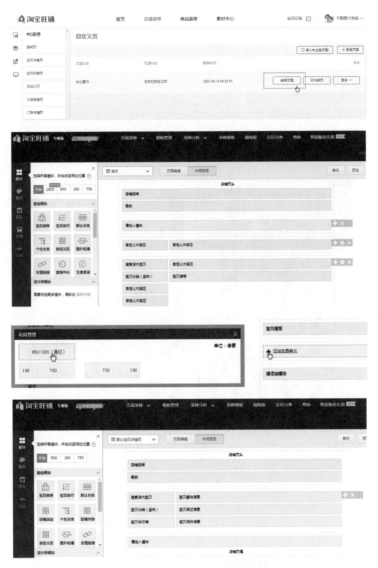

图1-24 排版布局

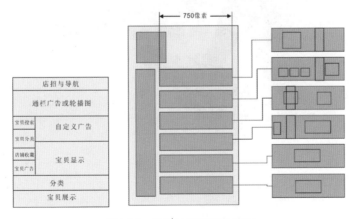

图1-25 首页与详情页的草图

1.3.1 版面布局原则

版面布局，就是以最适合买家浏览的方式将图片和文字排放在页面的不同位置。在设计网店页面布局时，需要注意以下几个问题。

1.主次分明，中心突出

在设计网店页面布局时，必须确定整个页面的视觉中心。大多数网店都会以促销广告作为页面的第一屏视觉点，并将其放置在页面的中心或中心偏上的位置，然后在视觉中心以外的区域可以展示稍微次要的内容，这样就会使页面更加主次分明，如图1-26所示。

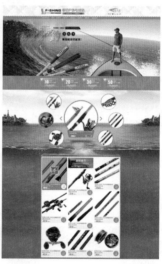

图1-26　主次分明

2.图文搭配，相互呼应

对于重点推销的商品，一般都会制作一张促销广告放置到版面的显眼部位，如果只是图片会使广告看起来比较突兀，不知想要表达的内容，如果只用文字进行说明，会让买家比较迷茫，此时如果将图片和文字搭配，就会让人看得清晰，看得赏心悦目，如图1-27所示。

图1-27　图文搭配

3.文字、栏目与背景的色彩

考虑到大多数人使用256色显示模式，因此一个页面中的色彩最好控制在三个色系以内，如果颜色太多会让页面看起来比较乱，如图1-28所示。

图1-28 色彩搭配

4.简洁一致性

保持简洁常用的方法是使用醒目的标题,这个标题常常采用图形表示,但图形同样要求简洁,另一种保持简洁的方法就是限制字体与颜色的数目。

要保持一致性,可以从页面的版式排列下手,每个区域的文本,应在图形之间保持相同的间距,在主要图形、标题或符号旁留下相同的空白,如图1-29所示。

图1-29 版面简洁一致

1.3.2 网店页面内容的排版

网店页面内容的排版除了淘宝本身提供的布局格式以外,更加细致的内容排版无非就是文字和图片了。

1.文字排版的作用

相比于图像,文字同样具有吸引力,在浏览一个网店的时候,能够直接吸引用户眼球的有时并不是图像。大多数通过偶然点击进入你的网店的用户,他们是来寻觅相关信息而不是图像的。

因此，保证你的网店页面设计凸显出最重要的信息板块，这点同样是网店页面设计应遵循的首要原则之一，文案布局大体可以分为对齐布局、参照布局、对比布局和分组布局四种，每种布局都有自己的特点，下面就看看这四种布局的具体应用。

1）对齐布局

文案对齐布局在常规中通常会以边对齐和居中对齐两种形态体现，每种对齐方式都是以产品本身图片作为依据的。

边对齐在使用时通常会以文本的一端作为对齐线，使文本与整体看起来给人以稳重、力量、统一、工整的感觉，是淘宝中最常见的一种文案布局方式，如图1-30所示。边对齐比较适合新手操作，只要掌控画面整体，文本部分在主体边上注意对齐即可。

居中对齐在使用时通常会以文本的水平居中位置作为对齐线，或者文本与整个画面居中对齐，使文本与整体看起来给人以正式、大气、高端、有品质的感觉，在淘宝海报中居中对齐通常要把文字直接打在商品上面，文案部分的遮挡会与主体部分形成一种前后重叠的效果，看起来更加更显层次感，在不遮挡主体时，单纯的文字居中对齐，同样会使整张海报更显大气上档次，如图1-31所示。

2）参照布局

参照布局通常是指利用美工得到商品素材图片的类型，根据文本部分与图片特点加以调整的布局方法，文本在图像中主要具有平衡整体的作用，如图1-32所示。此布局方法不适合初学者。

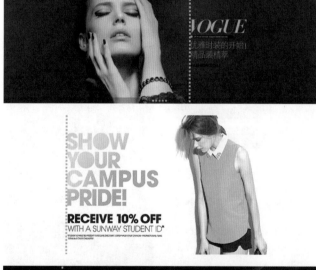

图1-30　边对齐

图1-31　居中对齐

图1-32　参照布局

图1-32 参照布局（续）

3）对比布局

在一幅作品中如果不体现出对比效果，那么就不能说此作品是设计良好的作品，人们一般不喜欢欣赏平淡无奇的东西，而喜欢欣赏存在对比效果的画面！

使用有对比效果的排版技巧，可以瞬间增强画面的视觉效果。对比方式包含的内容很多，比如虚实对比、冷暖对比、字体粗细对比等，如图1-33所示。采用不同类型的对比方式，局部的视觉效果也会不同，如图1-34所示。

图1-33 对比布局（1）

图1-34 对比布局（2）

图1-34 对比布局（2）（续）

分析：

通过两张图片的对比，我们不难看出，在排版时仅使用对齐是远远不够的。在对齐的基础上再通过对比布局，可以使图像的视觉感增加一个层次。在两张海报的对比中，我们可以发现第二张图片运用了对比原则，使画面更加吸引人，文案的组织结构也一目了然，更便于浏览者阅读。

❶ 注意

◎ 找出文案中的重点语句，运用大小对比和粗细对比，加强文字的强调和区分。

◎ 字体部分如果要对比就要选择对比较分明的字体，既然要对比就要显示出大的够大、小的够小、粗的够粗、细的够细，让浏览者更加容易记住。

◎ 对比不光可以增强视觉效果，而且还可增强文案的可读性，不要担心字小而影响了浏览者的阅读，只要强调的部分吸引住了顾客，下面的小字顾客会下意识地进行阅读。

◎ 对比还可以通过文本以背景的高反差效果进行显示，背景如果按不同的颜色形状进行绘制，上面的文字与背景色作为对比参照物，更能吸引浏览者，强化整体视觉效果。

4）分组布局

在图像中如果存在的文案过多时，就不能单纯地使用对齐加对比等布局方式了，此时只要将文本分类，将相同的文本信息文案摆放在一起，这样不仅可使整个画面看起来更有条理，而且看起来也非常美观，更有利于浏览者进行阅读。每个分类可以作为一个元素重新布局，如图1-35所示。

图1-35 分组布局

图1-35　分组布局（续）

2. 图像排版的作用

顾客通过图像可以直接看到商品的外观，在排版时可以对图像进行详细设置，比如设置好图片的宽度，可以节省浏览者在本网店浏览时的等待时间，所以一定要把图片设置成合适的大小，这样才能让买家以最快的速度浏览商品图片而不会受到网络带宽的限制，如图1-36所示。

图1-36　图像分布

💠 **温馨提示：在对网店页面进行布局时应该对以下几点更加注意。**

● 从上向下、从左向右，按照内容的重要性有序地展开。

● 眼球的第一运动聚焦于页面的左上角。

● 花哨的文字字体和颜色常常会被忽视。

● 避免呈现大块的文本，简短的段落相对于长段落来说有更好的表现力。

● 根据视觉规律，一栏格式比多栏格式拥有更好的表现力。

● 将广告放置在最佳内容旁也可以吸引浏览者的注意力。

● 越大的图像吸引力越强。

● 干净、清晰的特写图片能吸引更多的视觉注意力。

1.4 为网拍商品制作统一边框

商品在页面中如果只是简单地排列摆放，虽然能够获得整体划一的效果，但是不能把单独的商品进行更好的视觉展示。如果将所有商品照片裁剪成统一大小后再添加与之对应的相同边框，不仅可以大大增强单个商品的局部展现效果，而且会使整体赏心悦目。

1.4.1 照片边缘色彩添加统一边框

图片本身就有背景，而且色彩是多样的，在给图片添加边框时最好选取与图片背景同一基色的背景，而且最好是选取与图片最边上色彩的深基色，如果边上有多种颜色，应选取颜色分布最多的那种颜色。如图 1-37 所示的图像为不同边框的效果，从中可以轻松看出最适合的描边。

图1-37 边框

技巧：

在为网拍商品添加边框时，边框不宜太宽，只要能够让商品整体有一种收缩感即可，如图1-38所示。

图1-38 边框宽度

▶ **技巧：**

在摆放多款商品时，如果不统一边框颜色，那么整体看起来会十分不舒服，如图1-39所示。

图1-39　统一边框颜色

1.4.2　细致调整图像背景边缘

当对一张商品照片的大小进行调整后，正常情况下如果留下 1 像素的毛边，边界就会变得有点模糊，如果继续调整，模糊度会更大，这个问题看起来不起眼，以至于你无法用肉眼察觉，但是图像背景边缘看起来总是感觉怪怪的。下面使用一张网拍商品图片举例说明，如图1-40所示。

图1-40　背景边缘细节调整

▶ **技巧：**

消除图像边缘的方法是在图像上绘制一个稍小一点的选区，反选后删除像素内容，如图1-41所示。

图1-41 细节调整

单独查看某款商品的图像看起来并不是太明显，但我们可以对排列的商品整体进行查看，此时的边缘可以十分清楚地看到精细调整后与之前的对比效果，如图1-42所示。

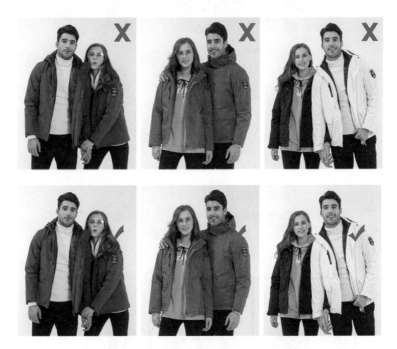

图1-42 对比

1.4.3 统一边框样式

为商品添加边框时，不只是针对描边的颜色，即使最外层也应使用同样的颜色，如果每个图像不应用同样的边框样式，那么整体看起来就不会很舒服。如果选择的图像背景颜色不一致，此时单独添加边框，会使整体看起来十分尴尬，但是为其添加一个白色描边后，再统一边框，则会消除当前的尴尬，如图1-43所示。

通过图1-43显示的对比图像可以看出，统一的样式边框不但会使页面整体获得顺眼的视觉效果，还会对单独的商品起到修饰与美化的作用，从而在买家心里会留下较深的印象，在对比别家商品后，还有可能会返回本店继续了解详细信息。

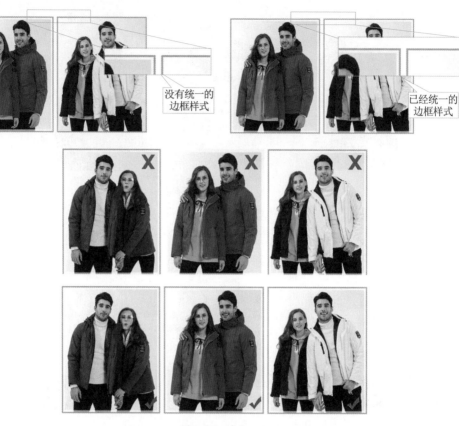

图1-43　对比

当背景选择深色时，图像的边框如果还是以深色作为描边色，将看不出其中有什么区别。强化深色背景的方案有两种：一是去掉外框，以白色作为边框；二是加亮外框，留出与背景相同颜色的间距，如图1-44所示。

图1-44　深色背景

1.4.4　商品图像边框的制作

为商品添加边框会将浏览者的目光聚集到边框内的图像上，从而使买家可以更容易地对商品产生兴趣。

操作步骤：

① 启动Photoshop软件，打开本书配备的"素材\第1章\模特02.jpg"素材文件，如图1-45所示。

② 按Ctrl+J键复制"背景"图层，得到一个"图层1"图层，如图1-46所示。

图1-45　素材文件

图1-46　复制图层

③ 执行菜单栏中的"图层"|"图层样式"|"描边"命令，打开"图层样式"对话框，勾选"描边"复选框，将描边颜色设置为边缘背景的深基色（黑色），其中的参数值设置如图1-47所示。

图1-47　"描边"复选框

④ 在"图层样式"对话框的左侧勾选"内发光"复选框，其中的参数值设置如图1-48所示。

⑤ 设置完毕后单击"确定"按钮，效果如图1-49所示。

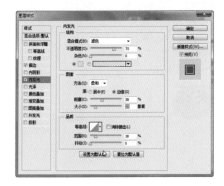

图1-48　"内发光"复选框

图1-49　最终边框效果

技巧：

添加边框时，还可以通过"画布大小"命令为图像添加边框，参数值设置及最终效果如图1-50所示。

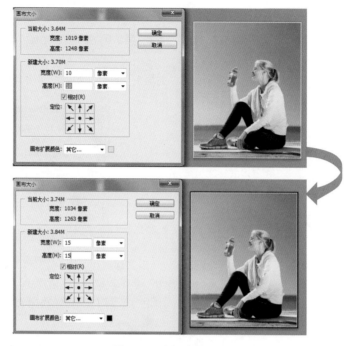

图1-50　添加边框

1.5　统一间距与对齐

在页面中对商品边框进行统一后，会使页面看起来非常漂亮，具有整体感；如果图像的间距或对齐方式不统一，整个页面看起来就会有一种十分凌乱的感觉，让浏览者看着不舒服。如图1-51~图1-53所示的图像为间距不统一、没有对齐的效果图以及调整后的最终效果图。

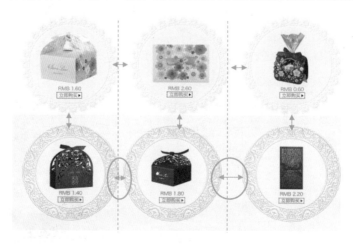

图1-51　间距不统一

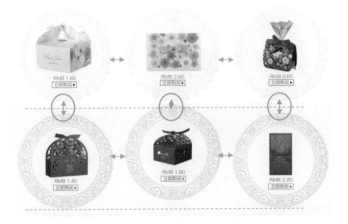

图1-52　没有对齐

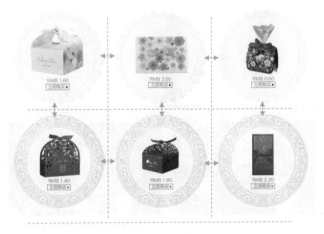

图1-53　调整后的最终效果

通过图1-53显示的图像可以十分清楚地看到，调整间距与对齐细节在整体页面设计中的重要性，细节调整后会使整个页面看起来整齐有序，从而不会对页面中的商品产生厌烦感。

1.6　图像制作的布局

在网店中为拍摄宝贝或店铺广告图像进行编辑处理时，整体的布局样式也会起到吸引买家眼球的作用。

1.6.1　图像的构图类型

无论是用于发挥宣传作用的广告区域，还是对宝贝内容进行详细展示的宝贝详情页面，抑或直接上传的宝贝图片，如果构图不够合理，会在视觉传播中起到相反的作用。通过图片传达给浏览者的信息，通常是要大家接受你的想法和展现图像的内容，大家看到画面时产生的初步感受来源于构图。好的构图能够让大家在视觉中体验作品的美感。如图 1-54 所示为几幅正确构图与非正确构图的对比效果。

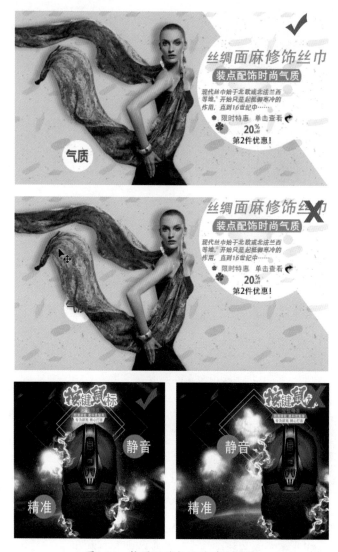

图1-54 构图正确与否的对比效果

1.6.2 图像合成展示

　　将几张大小不一样的图像按照布局效果合成为一幅图像，通过辅助的色块以及文字可以将其制作成一幅效果精美的宣传布局图像，如图1-55和图1-56所示。

图1-55 合理布局

图1-55 合理布局（续）

图1-56 构图正确

1.7 认识版式布局设计的内容

在现代设计活动中，版式布局设计的重点是对网店布局平面编排设计规律和方法的理解与掌握，其主要内容包含以下几个方面。

1.对视觉要素与构成要素的认识

视觉要素和构成要素是版式设计的基本造型语汇，就像建房时的砖瓦，它们是所有平面设计的基础。视觉要素包括布局的各种变化和组合、色彩与色调等；构成要素则包含空间、动势等组合画面。对视觉要素与构成要素的认知与把握，是版式设计的第一步。

2.对版式设计规律和方法的认知与实践

版式设计规律和方法是对平面编排设计多种基础性构成法则的总结，与视觉要素和构成要素的关系就像语言学中的语汇和语法。这其中包括以感性判断为主的设计方法和以理性分析为主的设计方法，对构成规律和方法的认知与实践是掌握版式设计的关键。

3.对版式设计内容与形式关系的认知

正确认识和把握形式和内容的关系是设计创作的基础性知识。内容决定形式是设计活动的基本规律，设计的形式受到审美、经济和技术要素的影响，但最重要的影响要素是设计对象本身的特征。理解内容与形式的关系，恰当地运用适当的形式将内容表现出来，是网店美工专业学习的基本课题。

4.对多种应用性设计形式特点的认知与实践

网店中图像设计所涉及的种类很多，在各自功能、形式上又有很大的不同，在版式设计过程中应该清楚地认识和把握各种应用性设计的特点。如图1-57所示为各种不同类型的网店图像版式设计。

图1-57 不同的版式设计效果

图1-57 不同的版式设计效果（续）

1.8 网店版式设计的基本类型

运用各种视觉元素，将理性思维个性化地表现出来，这是具有个人风格和艺术特色的视觉传送方式。在传递信息的同时，可以使人产生美的感受。

版式设计的基本类型大致可分为骨骼型、满版型、上下分割型、左右分割型、中轴型、曲线型、倾斜型、对称型、重心型、三角型、并置型、自由型和四角型13种。

1.8.1 骨骼型

版式设计中的骨骼是指在一幅版面中各种造型元素摆放的方式和格式。骨骼在版式设计中起着构成单元距离和空间的作用，在具体设计中，可根据诉求内容、信息量的多少、图片与文字的比例等情况按照骨骼比例规则进行编排设计。

1.8.2 满版型

满版型版面主要以图像为设计元素，视觉传达直观而强烈。文字内容放置在图像的上下、左右或中部（边部和中心），给人一种大方、舒展的感觉，是商品广告常用的表达方式。以商品形象或与企业有某种关联性的人物、景物、器物等具有典型特征的图片，直观地展示诉求主体，可以使人一目了然的视觉感受，视觉传达效果直观而强烈。

1.8.3 上下分割型

上下分割型是将整个版面分成上下两部分，在上半部或下半部配置图片（可以是单幅或多幅），另一部分则配置文字。整个版面图片部分感性而富有活力，而文字部分则理性而静止。

1.8.4　左右分割型

左右分割型是将整个版面分割为左右两部分，分别配置文字和图片。左右两部分形成强弱对比时，容易造成视觉心理的不平衡。这仅是视觉习惯（左右对称）上的问题，不如上下分割型的视觉感受自然。如果将分割线虚化处理，或用文字左右重复穿插，左右图、文会变得更加自然和谐。

1.8.5　中轴型

中轴型是将主体图形元素沿版面的水平线或垂直线的中轴进行排列，由于主体元素排列在版面的中心位置，所以能够给人以强烈的视觉冲击感，主体突出，诉求效果明显。

1.8.6　曲线型

曲线型是将主体视觉元素呈曲线状排列的设计方式。图形与文字沿几何曲线或自由曲线方向辗转排列，形成一种较强的动感和韵律感，并呈现出有起伏的节奏感。由于曲线有运动感、弹性的特质，常给人一种自由、优雅的感觉。

1.8.7　倾斜型

倾斜型是将版面主体形象或多幅图像倾斜编排，造成版面强烈的动感和不稳定感，引人注目。倾斜型排列与水平排列、垂直排列给人的感受完全不同，水平排列、垂直排列给人一种平静和肃立感，而倾斜型排列则将力的重心前移，产生了较强的动感。

1.8.8　对称型

对称型是对称的版式，可给人一种稳定、理性、秩序的感受。对称可分为绝对对称和相对对称，一般多采用相对对称手法，以避免过于严谨。对称以左右对称居多。

对称可以表现平衡的完美状态，是一种力的均衡并可以体现形态组合、形态结构的整体性、协调性与完美性，给人一种完美的视觉感受。

1.8.9　重心型

重心型是使主体图形元素产生视觉焦点，使其更加突出。重心型有三种类型，分别为中心，直接以独立而轮廓分明的形象占据版面中心；向心，使视觉元素向版面中心聚拢；离心，使视觉元素犹如石子投入水中，产生一圈一圈向外扩散的弧线运动。

由于这种版式中心明确、主题突出，更有利于设计主体信息的有效传播。在设计中，画面中心有的是以图形或文字直观地表现，有的则是以间接的形式表现，如以满衬空的表现手法。

1.8.10　三角型

三角型是板式设计中以三角形图形或文字进行排版组合的一种形式。在圆形、矩形、三角形等基本图形中，正三角形（金字塔形）最具有安全稳定因素。

1.8.11　并置型

并置型是将大小相同而位置不同的图片重复排列。并置型版面有比较、解说的意味，可以使原本复杂喧闹的版面更加协调。版式中的并置型体现在将相同或近似的单元框架、形象元素反复排列。重复表现手段的特征是形象的连续性，这种连续性反映在人们的视觉中，不仅能保持原有形象的特质，而且还会增强视觉趣味，使人产生安定、平衡、秩序等视觉感受，使画面形成有规律的节奏韵律感，并获得既有变化又和谐统一的效果。

1.8.12　自由型

自由型是将版式无规律地、随意地编排，使整个页面更加活泼、轻快。它摒弃了常规、理性、规则的排列方法，使版式呈现出极强的动感和空间感。另一方面，自由型版式虽然貌似一种无意的版式排列，实质上也是设计者有意识的、精心设计的一种表现形式。但如果不假思索，随意摆放设计元素，将会使人产生视觉上和心理上的凌乱感受。

1.8.13　四角型

四角型是基于版面四角以及连接四角的对角线来编排图形。整体版面效果给人一种严谨、规范的感觉。

1.9　版式设计的基本流程

制定一个设计方案所需要经历的过程叫作设计流程，这是设计的关键。想到哪里做到哪里的方式很可能会使设计出现很多漏洞和问题，我们应该按照合理的设计流程进行操作。如表1-1所示为版式设计的基本流程。

表1-1　版式设计的基本流程

第一步	确定主题（需要传达的信息）
第二步	寻找、收集和制作用于表达信息的素材（含文字、图形图像）。文字表达信息最直接、有效，应简洁、贴切。应该根据具体需要确定视觉元素的数量和色彩（黑白、彩色色系）
第三步	确定版面视觉元素的布局（类型）
第四步	使用图形图像处理软件进行制作

第 2 章

店铺配色与商品色彩

| 本章重点 |

- ▶ 色彩对心理的影响
- ▶ 认识网店色彩
- ▶ 色彩理论
- ▶ 色彩颜色管理
- ▶ 网页安全色
- ▶ 网店配色
- ▶ 色彩介绍
- ▶ 网店页面色彩分类
- ▶ 商品色调风格调整
- ▶ 图像配色技巧

对于网店而言，能够左右其风格的重要因素就是该店铺的色彩。进入店铺后，能够给买家留下深刻印象的重要因素就是网店的页面色彩，一家网店拥有漂亮的颜色配比，比其他任何设计元素都重要，这是因为色彩是主导买家视觉的第一因素，它不但可以给买家留下深刻印象，还可以产生很强烈的视觉效果。所以运营中的店铺在色彩格调的使用上需要深思熟虑。

本章为大家介绍商品色彩与店铺配色的基本知识以及网店中商品色调风格的调整方法，使整体店铺能够更加吸引顾客的目光，从而促成交易。如图 2-1 所示为统一色彩风格的店铺。

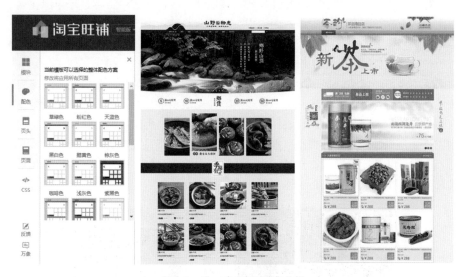

图2-1 统一色彩风格的店铺

2.1 色彩对心理的影响

色彩有各种各样的心理效果和情感效果，能使人产生各种各样的感受和遐想。虽然个人的视觉感受、个人审美情趣、个人生活经验、个人生活环境、个人性格等有所不同，但常见的一些色彩，视觉效果还是比较一致的，比如看见绿色，会联想到树叶、草坪；看见蓝色的时候，会联想到海洋、水。不管是看见某种色彩还是听到某种色彩名称的时候，心里都会自动地产生这种色彩给我们的感受，如开心、悲伤、回忆等，这就是色彩的心理反应。

红色给人一种热情、兴奋、勇气、危险的感觉。

橙色给人一种热情、勇敢、活泼的感觉。

黄色给人一种温暖、快乐、轻松的感觉。

绿色给人一种健康、新鲜、和平的感觉。

青色给人一种清爽、寒冷、冷静的感觉。

蓝色给人一种孤立、认真、严肃、忧郁的感觉。

紫色给人一种高贵、气质、忧郁的感觉。

黑色给人一种神秘、阴郁、不安的感觉。

白色给人一种纯洁、正义、平等的感觉。

灰色给人一种朴素、模糊、抑郁、犹豫的感觉。

以上这些对色彩的印象是指在大范围的人群中获得认同的结果，但并不代表所有的人都会按照上述说法产生完全相同的感受。由于不同的国家、地区、宗教、性别、年龄等方面存在差异，即使是同一种色彩，不同的人可能也会产生完全不同的感受。在设计时应该综合考虑多方面因素，避免造成误解。

2.2 认识网店色彩

打开浏览器，在地址栏中输入经常光顾的店铺地址，或在淘宝中直接进行店铺搜索，在网页显示出来之前就会在"印象存储"中看到网店页面的色彩了，因为页面中刺激记忆最强、最持久的元素就是色彩搭配了。失去了色彩，人们就会失去娱乐的气氛、快乐的心情。色彩是人们生活多姿多彩的表现，是互联网生机的来源。

淘宝网页中进行店铺装修是一种特殊的视觉设计，它对色彩的依赖性很高，一家店铺如果想吸引买家关注的话，好的色彩搭配是必不可少的，如果缺少了色彩，整个店铺会变得没有生机，很难引人注意。色彩设计是店铺风格设计的决定性因素之一。色彩在网店中是看得见的重要视觉元素，如图 2-2 所示。通过色彩搭配，能够使网店中的数码商品显得更加大气和庄重，相信浏览者观看后不仅对该商品印象深刻，而且还会回味无穷；反之，如果页面中的颜色搭配不够合理，会使访问者浮躁不安甚至产生厌烦心理。

图2-2　色彩

2.3 色彩理论

色彩的美感能够给人一种精神、心理方面的享受，因此，人们会按照自己的偏好与习惯去选择自己乐于接受的色彩，以满足审美方面的需求。而我们是如何感知颜色的呢？色彩又是用什么来决定的呢？下面就为大家讲解色彩与视觉原理、色彩分类以及色彩三要素。

2.3.1 色彩与视觉原理

色彩与视觉体现的是通过大自然的光源将实物的颜色用眼睛来感受的视觉效果，光与色是并存的关系，有光才有色，色彩感觉离不开光。

1 D：光在物理学上是一种电磁波。0.38~0.78 微米波长的电磁波，才能使人产生色彩视觉感受，此范围称为可见光谱。可见光射入三棱镜后，光会被分离为红、橙、黄、绿、青、蓝、紫，因此自然光是七色光的混合，如图2-3所示。波长大于0.78微米的电磁波称为红外线，波长小于 0.38 微米的电磁波称为紫外线。

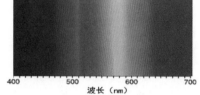

图2-3 可见光谱

2 D：光是以波动的形式进行直线传播的，具有波长和振幅两个因素。光波波长的长短不同产生色相的差别。振幅强弱大小的不同产生同一色相的明暗差别。光在传播时有直射、反射、透射、漫射和折射等多种形式。光直射时直接传入人眼，视觉感受到的是光源色。当光源照射物体时，光从物体表面反射传入人眼，人眼感受到的是物体表面色彩。当光照射时，如遇玻璃之类的透明物体，人眼看到的是透过物体的穿透色。光在传播过程中，受到物体的影响时就会产生漫射现象，对物体的表面色彩有一定的影响，通过不同物体时产生方向变化，称为折射，反射传入人眼的色光与物体色相同。

自然界的物体五花八门、变化万千，它们本身虽然大多不会发光，但都具有选择性地吸收、反射和透射色光的特性。当然，任何物体对色光不可能全部吸收或反射，因此，实际上不存在绝对的黑色或白色。

常见的黑、白、灰物体色中，灰色的反射率是 10%~64%；白色的反射率是 64% ~92.3%；黑色的吸收率在 90%以上。

物体对色光的吸收、反射或透射能力，受物体表面肌理状态的影响，表面光滑、平整、细腻的物体，对色光的反射较强，如镜子、磨光石面、丝绸织物等；表面粗糙、凹凸、疏松的物体，容易使光线产生漫射现象，故对色光的反射较弱，如毛玻璃、呢绒、海绵等。物体对色光的吸收与反射能力虽是固定不变的，但物体的表面色却会随着光源色的不同而改变，有时甚至失去其原有的色相感觉。所谓的物体"固有色"，实际上就是物体固有的属性在常态光源下呈现出来的色彩。例如，在闪烁、强烈的各色霓虹灯光下，所有的建筑及物体几乎都失去了原有本色而显得奇幻莫测，如图 2-4 所示。另外，光照的强度及角度对物体色也有影响。

图2-4 灯光与景物混合的颜色

2.3.2 色彩分类

色彩在具体的分类中可以分为无彩色和有彩色两种。

1.无彩色

无彩色是指由黑、白相混合组成的不同灰度的灰色系列，此颜色在光的色谱中是不能被看到的，所以称为无彩色，如图2-5所示。

无彩色（黑、白、灰）

图2-5　无彩色

由黑色和白色相搭配的网店，可以使内容更加清晰，此时可以是白底黑字，也可以是黑底白字，中间部分由灰色作为分割，可以使网店整体看起来更加统一。无彩色的背景可以与任何颜色进行搭配，如图2-6所示。

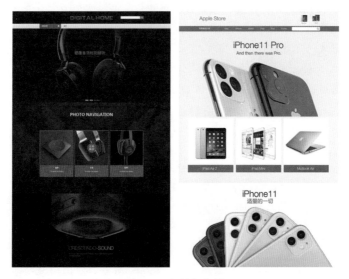

图2-6　无彩色主调

2.有彩色

有彩色是指除了从白到黑的一系列中性灰色以外的各种颜色。例如，红、黄、蓝、绿、紫等。有彩色除了具有一定的明度值以外，还具有彩度值（包括色调和鲜艳度）。光谱中的全部色彩都属于有彩色。有彩色以红、绿、蓝为基本色，基本色之间不同量的混合以及基本色与黑、白、灰（无彩色）之间不同量的混合，可以产生成千上万种有彩色。有彩色除了具有一定的明度值以外，还具有彩度值（包括色调和鲜艳度）。图2-7所示为有色彩色轮。

三原色：RGB 颜色模式是由红、绿、蓝三种颜色定义的原色，主要运用在电子设备中，如电视机和计算机，同时在传统摄影中也有应用。在电子时代之前，基于人类对颜色的感知，RGB 颜色模型已经有了坚实的理论支撑，如图 2-8 所示。

在美术上又把红、黄、蓝定义为色彩三原色，但是品红加适量的黄可以调出大红（红 =M100+Y100），而大红却无法调出品红；青加适量的品红可以得到蓝（蓝 =C100+M100），而蓝加绿得到的却是不鲜艳的青；用黄、品红、青三色能调配出更多的颜色，纯正且鲜艳。用青加黄调出的绿（绿 =Y100+C100），比用蓝加黄调出的绿更加纯正与鲜艳，而后者调出的绿较为灰暗；用品红加青调出的紫是很纯正的（紫 =C20+M80），而用大红加蓝只能得到灰紫，等等。此外，从调配其他颜色的情况来看，都是以黄、品红、青为其原色，色彩更丰富、色光更纯正而鲜艳。美术中的三原色如图2-9所示。

二次色：在 RGB 颜色模式中由"红色＋绿色"变为黄色，"红色＋蓝色"变为紫色，"蓝色＋绿色"变为青色，如图 2-10 所示；在美术中三原色的二次色为"红色＋黄色"变为橙色，"黄色＋蓝色"变为绿色，"蓝色＋红色"变为紫色，如图 2-11 所示。

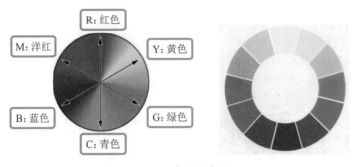

图2-7　有彩色色轮

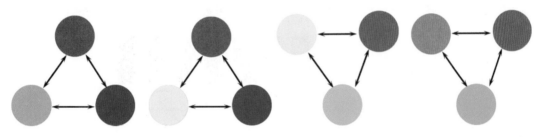

图2-8　RGB　　　图2-9　美术中三原色　　　图2-10　RGB中二次色　　图2-11　美术中二次色

通过有彩色装修的店铺更能在颜色的烘托下突出产品和店铺的某种特色。图 2-12 所示为婚庆用品店铺和水果店铺的装修效果。

图2-12　有彩色主调的店铺效果

2.3.3 色彩三要素

视觉所感知的一切色彩都具有明度、色相和纯度（饱和度）这三种性质，这三种性质是色彩最基本的构成元素，即色彩三要素。

1.明度

明度是指色彩的明暗程度。在无彩色中，明度最高的色为白色，明度最低的色为黑色，中间存在一个从亮到暗的灰色系列，如图 2-13 所示。在有彩色中，任何一种纯色都具有自己的明度特征。例如，黄色为明度最高的色，处于光谱的中心位置；紫色是明度最低的色，处于光谱的边缘。一种彩色物体表面的光反射率越大，对视觉刺激的程度越大，看上去就越亮，这一颜色的明度就越高，如图 2-14 所示。

明度在三要素中具有较强的独立性，它可以不带任何色相特征而通过黑白灰的关系单独呈现出来。色相与纯度则必须依赖一定的明暗才能显现，色彩一旦发生，明暗关系就会同时出现。在我们完成一幅素描的过程中，需要把对象的有彩色关系抽象为明暗色调，这就需要我们对明暗有敏锐的判断力。我们可以把这种抽象出来的明度关系看作色彩的骨骼，它是色彩结构的关键。

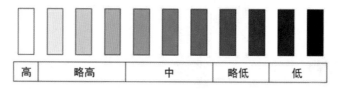

图2-13 无彩色中的明度分布

图2-14 有彩色中的明度分布

🌙 温馨提示：

在网店装修中，明度的应用主要为使用同一颜色时不同明暗的网页效果。

2.色相

色相是指色彩的相貌。在可见光谱上，人的视觉能感受到红、橙、黄、绿、蓝、紫这些不同特征的色彩，人们给这些可以互相区别的色定个名称，当我们称呼到其中某一色的名称时，就会有一个特定的色彩印象，这就是色相的概念。正是由于色彩具有这种具体的相貌特征，我们才能感受到一个五彩缤纷的世界。

如果说明度是色彩隐秘的骨骼，色相就很像色彩外表的华美肌肤。色相体现着色彩外向的性格，是色彩的灵魂。在可见光谱中，红、橙、黄、绿、蓝、紫每一种色相都有自己的波长与频率，它们从短到长按顺序排列，就像音乐中的音阶顺序，富有秩序而又和谐，大自然偶尔将这种光谱的秘密显示给我们，那就是雨后的彩虹，它是大自然中最美的色彩。

光谱中的色相散发着色彩的原始光辉，它们构成了色彩体系中的基本色相。最初的基本色相为红、橙、黄、绿、蓝、紫。在各色中间加插一两种中间色，其头尾色相，按光谱顺序为红、红橙、橙、黄橙、黄、黄绿、绿、蓝绿、蓝、蓝紫、紫、红紫，如图2-15所示。

这12种色相的色调变化在光谱色感上是均匀的。如果进一步再找出其中间色，便可以得到24个色相，如图2-16所示。

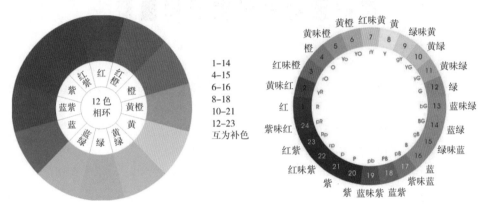

1–14	
4–15	
6–16	
8–18	
10–21	
12–23	
互为补色	

图2-15　12色相环　　　　　　　　图2-16　24色相环

温馨提示：

在网店装修中，色相的应用主要为使用不同颜色制作出冷暖色调效果页面，如图2-17所示的店面为不同商品对应的冷暖色调。

图2-17　不同商品对应的冷暖色调

3.纯度

纯度是指色彩的鲜艳程度，它取决于一种颜色的波长单一程度。我们的视觉能辨认出的有色相感的色，都具有一定程度的鲜艳度。例如红色，当它混入白色时，虽然仍旧具有红色相的特征，但它的鲜艳度降低了、明度提高了，成为淡红色；当它混入黑色时，其鲜艳度降低，明度变暗了，成为暗红色；当它混入与红色明度相似的中性灰时，它的明度没有改变，纯度降低，成为灰红色。如图2-18所示的图像为纯度色标。

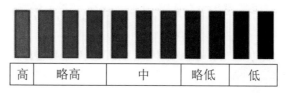

图2-18　纯度色标

不同的色相不但明度不相等，纯度也不相等，例如纯度最高的色是红色，黄色纯度也比较高，但绿色就不同了，它的纯度几乎是红色的一半。

在人的视觉所能感受的色彩范围内，绝大部分是非高纯度的色，也就是说，大量的色都是含灰的色，有了纯度的变化，才使色彩显得极其丰富。

纯度体现了色彩内向的品格。同一个色相，纯度即使发生了细微的变化，也会立即带来色彩性格的变化。如图2-19所示的图像为纯度对比图和纯度环。

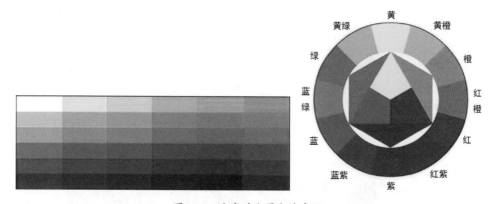

图2-19　纯度对比图和纯度环

● 温馨提示：

在网店装修中，纯度主要用在为色调降低鲜艳度或增加鲜艳度的网页中。

2.4　色彩颜色管理

网店的页面属于网页设计的一种，最终都是通过输出设备——显示器呈现最终效果的。颜色管理是使颜色空间保持一致的过程。也就是说，作为一幅图像，在不同的显示器中显示、在RGB和CMYK模式之间转换、在不同的应用程序中被打开或在不同的外部设备中打印，都应保持精确的一致。

Photoshop管理颜色的一种方法就是使用国际协会（ICC）概貌。一个ICC概貌描述了颜色空间，这种颜色空间可以是显示器使用的特殊 RGB 颜色空间，也可以是编辑图像采用的 RGB 颜色空间，还可以是选择打印的彩色激光打印机的 CMYK 颜色空间。ICC 概貌正在变为图形工业的一个标准，可以帮助你在不同的平台、设备、ICC 兼容应用程序（如Photoshop 和 InDesign）之间很容易地精确复制颜色。一旦指定了概貌，Photoshop 就可以将它们嵌入到图像文件中，这样 Photoshop 和其他能够使用 ICC 概貌的应用程序就可以用图像文件里的 ICC 概貌来自动管理图像的颜色。

2.4.1　识别色域范围外的颜色

大多数扫描的照片在 CMYK 颜色色域里都包含 RGB 颜色，将图像转换为 CMYK 模式会轻微地改变这些颜色。数字化创建的图像经常包含 CMYK 颜色色域以外的 RGB 颜色。需要注意的是，色域范围以外的颜色可以被颜色面板、拾色器和信息面板里颜色样本旁边的惊叹号来标识，如图 2-20 所示。

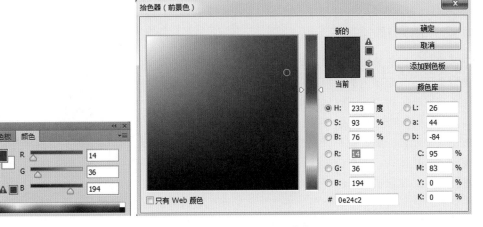

图2-20　加色原色（RGB颜色）

如何查看当前图片是否存在色域范围的颜色，我们可以通过 Photoshop 来完成。色域外的颜色是指打印时超出颜色范围的颜色，其识别方法如下所述。

操作步骤：

❶ 启动Photoshop软件，打开本书配备的"素材\第2章\小鱼.jpg"素材文件，如图2-21所示。

❷ 执行菜单栏中的"视图"｜"色域警告"命令，Photoshop 将创建一个颜色转换表并用中性灰色显示其在色域以外的颜色，如图2-22所示。

图2-21　素材文件　　　　　　　　　　图2-22　色域警告

❸ 为了将颜色放到CMYK色域中，执行菜单栏中的"图像"|"模式"|"CMYK模式"命令，此时色域警告的颜色就会消失，效果如图2-23所示。

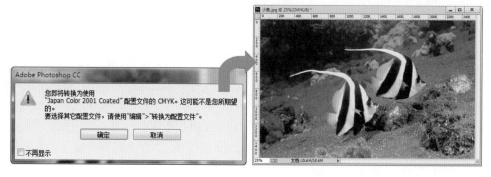

图2-23 转换为CMYK模式

2.4.2 色彩模式

色彩模式决定着显示和打印电子图像的色彩模型（简单地说，色彩模型是用于表现颜色的一种数学算法），即一幅电子图像用什么样的方式在计算机中显示或打印输出。常见的色彩模式包括位图模式、灰度模式、双色调模式、HSB（表示色相、饱和度、亮度）模式、RGB（表示红、绿、蓝）模式、CMYK（表示青、洋红、黄、黑）模式、Lab 模式、索引色模式、多通道模式以及 8 位 /16位模式，每种模式的图像描述和重现色彩的原理及所能显示的颜色数量都是不同的。色彩模式除了确定图像中能显示的颜色数之外，还影响图像的通道数和文件大小。这里提到的通道也是 Photoshop 中的一个重要概念，每个 Photoshop 图像都具有一个或多个通道，每个通道都存放着图像中颜色元素的信息。图像中默认的颜色通道数取决于

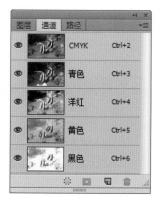

图2-24 通道

其色彩模式。例如，CMYK图像至少有四个通道，分别代表青色、洋红色、黄色和黑色信息，如图2-24所示。

1.灰度模式

灰度模式只存在灰度，它由0~256个灰阶组成。当一个彩色图像转换为灰度模式时，图像中与色相及饱和度等有关的色彩信息将被消除，只留下亮度。亮度是唯一能影响灰度图像的因素。当灰度值为0（最小值）时，生成的颜色是黑色；当灰度值为255（最大值）时，生成的颜色是白色。如图2-25所示的图像为彩色图像，如图2-26所示的图像为灰度模式黑白图像。

图2-25 彩色图像

图2-26 灰度模式黑白图像

温馨提示：

在Photoshop CC中执行菜单中的"图像"|"模式"|"灰度"命令，即可将彩色图像变为灰度模式的图像，转换时会弹出如图2-27所示的"信息"面板。

2.RGB颜色模式

在Photoshop中，RGB 颜色模式使用 RGB 模型，并为每个像素分配一个强度值。在 8 位/通道的图像中，彩色图像中的每个 RGB（红色、绿色、蓝色）分量的强度值为 0（黑色）到 255（白色）。例如，亮绿色的 R 值可能为 10，G 值为 250，而 B 值为 20。当所有这三个分量的值相等时，结果是中性灰度级。当所有分量的值均为 255 时，结果是纯白色；当这些值都为 0 时，结果是纯黑色。RGB 颜色模式是Photoshop最常用的一种模式，在RGB 颜色模式中三种颜色叠加时会自动映射出纯白色，如图2-28所示。

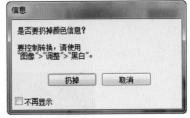

图2-27 "信息"面板

3.CMYK颜色模式

CMYK代表印刷上用的四种颜色，C代表青色（Cyan），M代表洋红色（Magenta），Y代表黄色（Yellow），K代表黑色（Black）。在实际应用中，青色、洋红色和黄色很难叠加形成真正的黑色，最多不过是褐色而已，因此才引入了K——黑色。黑色的作用是强化暗色调，加深暗部色彩，如图2-29所示。

在 CMYK 模式下，可以为每个像素的每种印刷油墨指定一个百分比值。为最亮（高光）颜色指定的印刷油墨颜色百分比较低；而为较暗（阴影）颜色指定的印刷油墨颜色百分比较高。例如，亮红色可能包含 2% 青色、93% 洋红、90% 黄色和 0% 黑色。在 CMYK 图像中，当四种分量的值均为 0% 时，就会产生纯白色。

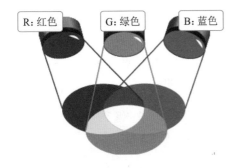

图2-28 RGB颜色模式显示两种以上叠加时的效果

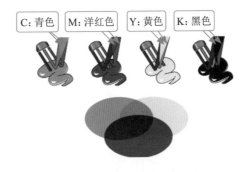

图2-29 CMYK颜色模式

注意：

◎ 尽管 CMYK 是标准颜色模型，但是其准确的颜色范围会随印刷和打印条件不同而发生变化。Photoshop 中的 CMYK 颜色模式会根据"颜色设置"对话框中指定的工作空间的设置而不同。

温馨提示：

当我们想把网店装修的效果打印出来拿给别人看时，一定要把RGB转换为CMYK后再进行打印。

4.Lab颜色模式

颜色模型（Lab）基于人对颜色的感觉。Lab 中的数值描述了正常视力的人能够看到的所有颜色。因为 Lab 描述的是颜色的显示方式，而不是设备（如显示器、桌面打印机或数码相机）生成颜色所需的特定色料的数量，所以 Lab 被视为与设备无关的颜色模型。颜色色彩管理系统使用 Lab 作为色标，可以将颜色从一个色彩空间转换到另一个色彩空间。

Lab 颜色模式的亮度分量（L）范围是 0 到 100。在 Adobe 拾色器和"颜色"调板中，a 分量（绿色-红色轴）和 b 分量（蓝色-黄色轴）的范围是 +127 到 -128，如图2-30所示。

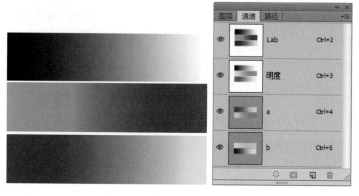

图2-30　Lab

温馨提示：

Lab色彩空间涵盖了RGB和CMYK。

5.索引颜色模式

索引颜色模式可生成最多 256 种颜色的 8 位图像文件。当其转换为索引颜色时，Photoshop 将构建一个颜色查找表（CLUT），用以存放并索引图像中的颜色。如果原图像中的某种颜色没有出现在该表中，则程序将选取最接近的一种颜色，或使用仿色以现有颜色来模拟该颜色。

虽然其调色板很有限，但索引颜色能够在保持多媒体演示文稿、Web 页等所需的视觉品质的同时，调整文件的大小。在这种模式下只能进行有限的编辑。要进行进一步编辑，应临时转换为 RGB 模式。索引颜色文件可以存储为 Photoshop、BMP、DICOM、GIF、Photoshop EPS、大型文档格式（PSB）、PCX、

图2-31　"索引颜色"对话框

Photoshop PDF、Photoshop Raw、Photoshop 2.0、PICT、PNG、Targa 或 TIFF 格式。

在将一张RGB颜色模式的图像转换成索引颜色模式时，会弹出如图2-31所示的"索引颜色"对话框。

其中各项含义如下所述。

● 调板：用来选择转换为索引模式时使用的调板。

● 颜色：用来设置索引颜色的数量。

- **强制**：在下拉列表中可以选择某种颜色并将其强制放置到颜色表中。
- **选项**：用来控制转换索引模式的选项。
- **杂边**：用来设置填充与图像的透明区域相邻的消除锯齿边缘的背景色。
- **仿色**：用来设置仿色的类型，包括：无、扩散、图案、杂色。
- **数量**：用来设置扩散的数量。
- **保留实际颜色**：勾选此复选框后，转换成索引模式后的图像将保留图像的实际颜色。

⚡ 温馨提示：

灰度模式与双色调模式可以直接转换成索引模式；RGB模式转换成索引模式时会弹出"索引颜色"对话框，设置相应参数后才能转换成索引模式。转换成索引模式后，图像会丢失一部分颜色信息，再转换成RGB模式转换后，丢失的信息不会恢复。

⓵ 注意：

◎ 索引色模式的图像是256色以下的图像，在增幅图像中最多只有256种颜色，所以索引色模式的图像只可当作特殊效果及专用，而不能用于常规的印刷中。索引色彩也称映射色彩，索引色模式的图像只能通过间接方式创建，而不能直接获得。

2.4.3 色彩模式转换

在Photoshop中，不同的模式有自己模式所特有的图像颜色，应用不同的图像颜色模式时所对应的颜色通道也是不同的，如图2-32所示。

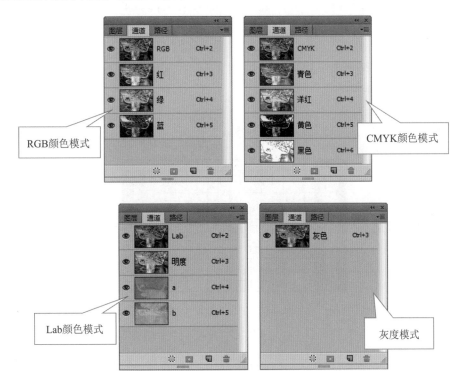

图2-32 不同模式的颜色通道

温馨提示：

"双色调模式"与"位图模式"只有通过"灰度模式"才能转换。图像转换成"灰度模式"后会自动将颜色扔掉，把图像变为黑白效果，再转换为"双色调模式"或"位图模式"，然后将灰度图像调整为双色效果。

注意：

在转换模式时，有时会丢失很多图像颜色细节，例如将彩色图像转换为索引颜色时会删掉图像中的很多颜色信息，因此建议大家在转换的同时最好备份一个副本。

2.4.4　调整颜色建议

在为商品网拍时，很多时候会涉及人物、场景等。通常对于拍摄的照片进行相应的调整，必须先了解一些拍摄后的照片对于色彩调整的相关知识，具体可参考表2-1。

表2-1　调色建议

人物	发丝应尽可能清晰，牙齿应当洁白，纯白会使图像失真，发黄或发灰看起来使人觉得不舒服
织物	黑色或白色不要过于鲜亮，否则会失真。黄色的百分比太高会使白色显得灰暗，青色值太低会使红色发生振荡，黄色值太低会使蓝色发生振荡
户外景色	检查图像中的灰色物体，确保为灰色，没有偏向。对于天空色彩的调整，洋红色和青色的关系决定天空的明暗，洋红色增多时天空会由亮蓝变为墨蓝
雪景	雪不应该为纯白色，否则会丢失细节。应集中精力在高光区域添加细节
夜景	黑色区域不应为纯黑色，否则会丢失细节。应集中精力在阴影区域添加细节

2.5　网页安全色

网页安全色是当红色、绿色、蓝色颜色数字信号值为0、51、102、153、204、255时构成的颜色组合，它一共有 6×6×6＝216 种颜色（其中彩色为210种，非彩色为6种），如图2-33所示。

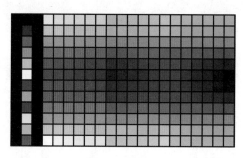

图2-33　颜色表

216网页安全色是指在不同硬件环境、不同操作系统、不同浏览器中都能够正常显示的颜色集合（调色板），也就是说，这些颜色在任何终端浏览用户显示设备上的显示效果都是相同的。所以，使用216网页安全色进行网页配色可以解决原有颜色失真的问题。

详细的网页安全色如图2-34所示。

图2-34　详细的颜色表

2.6　网店配色

在网店页面设计中，色彩搭配是树立网店形象的关键，网店页面色彩处理得好可以使页面锦上添花，起到事半功倍的作用。色彩搭配一定要合理，要与自己的产品相符合，这样就会给人一种和谐、愉快的感觉，在搭配时一定要避免容易使人产生视觉疲劳感的纯度过高的单一色彩。

2.6.1　自定义页面的主色与辅助色

定义一个店面的主色与辅助色是一个页面传达给购买者的第一视觉信息，所以颜色一定要与产品相互呼应，在店面中能够定义为主色的是整体的色调，也就是色彩占据面积最大的色系，然后才是辅助色和点缀色。辅助色和点缀色在页面中具有陪衬、点缀的作用，如图2-35所示。

主色	辅助色	文字颜色
■ 黑色	■ 黄色	□ 白色

图2-35 自定义颜色

网店中的文字颜色与主色调搭配合理，会直接提升整体页面的视觉效果。网店主色与文字颜色的搭配，具体可以参考表2-2。

表2-2 网店主色与文字颜色搭配

颜色图标	颜色十六进制值	文字颜色搭配
	#F1FAFA	适合做正文的背景色，比较淡雅。配以同色系的蓝色、深灰色或黑色文字都很好
	#E8FFE8	适合做标题的背景色，搭配同色系的深绿色标题或黑色文字
	#E8E8FF	适合做正文的背景色，文字颜色配黑色比较和谐、醒目
	#8080C0	配黄色或白色文字较好
	#E8D098	配浅蓝色或蓝色文字较好
	#EFEFDA	配浅蓝色或红色文字较好
	#F2F1D7	配黑色文字素雅，如果配红色文字则显得醒目
	#336699	配白色文字好看一些
	#6699CC	配白色文字好看一些，可以做标题
	#66CCCC	配白色文字好看一些，可以做标题

续表

颜色图标	颜色十六进制值	文字颜色搭配
	#B45B3E	配白色文字好看一些，可以做标题
	#479AC7	配白色文字好看一些，可以做标题
	#00B271	配白色文字好看一些，可以做标题
	#FBFBEA	配黑色文字比较好看，一般作为正文
	#D5F3F4	配黑色文字比较好看，一般作为正文
	#D7FFF0	配黑色文字比较好看，一般作为正文
	#F0DAD2	配黑色文字比较好看，一般作为正文
	#DDF3FF	配黑色文字比较好看，一般作为正文

☾ 温馨提示：

通过上面的颜色搭配表，可以大大减少制作者为网页配色的时间，在当前的基础上还可以发挥想象力，搭配出更有新意、更醒目的颜色，使自己的店面更有竞争力。

2.6.2　网店色调与配色

色彩与人的心理感觉和情绪有一定的关系，利用这一点可以在设计时形成自己独特的色彩风格，给浏览网店的买家留下深刻印象，加大产品的售出概率。不同的色系在网店中也会拥有自己的独特之处，网店色调分类主要有按照色相分类配色和按印象的搭配分类配色两种。

1.按照色相分类配色彩

常见的色彩搭配按照色相的顺序归类。每类都应以该色相为主，搭配其他色相或者同色相，应用对比和调和的方法，并按照从轻快到浓烈的顺序排序。

1）红色

红色色感温暖，是一种对人刺激性很强的颜色。红色容易引起人的注意，也容易使人兴奋、激动、紧张、冲动，同时还是一种容易造成人视觉疲劳的颜色。

在网页颜色的应用过程中，根据网页主题内容的需求，纯粹使用红色为主色调的网站相对较少，而其他颜色多用于辅助色、点缀色，以获得陪衬、醒目的效果。

常见的红色配色方案如图2-36所示。应用红色系的网店多数以店庆促销、开业庆典为主，还会出现在女装、美容化妆品或婚庆页面中，主要是为了醒目，提醒大家注意，从而吸引买家目光，达成交易。通过配色产生的粉色页面会给人一种温馨的感觉，如图2-37所示。

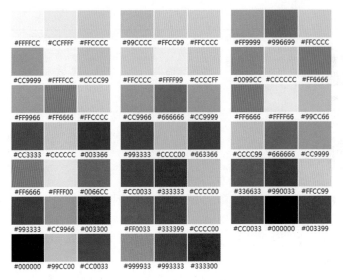

图2-36　红色配色方案

图2-37　店铺展示

💬 **温馨提示：**

　　红色可以和蓝色（带红的蓝）混合成紫色，还可以和黄色混合成橙色，红色和绿色是对比色。红色的补色是青色。红色是三原色之一，它能和绿色、蓝色调出任意色彩。

　　2）橙色

　　橙色，又称橘色，为二次颜料色，是红色与黄色的混合色，得名于橙的颜色。在光谱上，橙色介于红色和黄色之间。橙色具有轻快、欢欣、收获、温馨、时尚的象征意义，是快乐、喜悦的色彩。

　　橙色在空气中的穿透力仅次于红色，而色感较红色更暖。最鲜明的橙色应该是色彩中使人感受最暖的色，能给人一种庄严、尊贵、神秘的感觉，所以基本上属于心理色性。历史上许多权贵和宗教界人士都用橙色装点自己，现代社会往往用其作为标志色和宣传色。不过，橙色也是容易造成视觉疲劳的颜色。橙色明视度较高，在工业安全用色中，橙色即警戒色，如火车头、登山服装、背包、救生衣等。橙色一般也可作为喜庆的颜色，同时也可作为富贵色，如皇宫里的许多装饰。红、橙、黄三色，均称暖色，属于注目、芳香和引起食欲的颜色。橙色可作餐厅的布置色，据说在餐厅里多用橙色可以增加食欲。常见的橙色配色方案如图2-38所示。橙色主要应用在与食物有关的店面中，由于橙色也是积极活跃的色彩，除了食物外，还经常在家具用品、时尚品牌、运动以及儿童玩具等网店中出现，如图2-39所示。

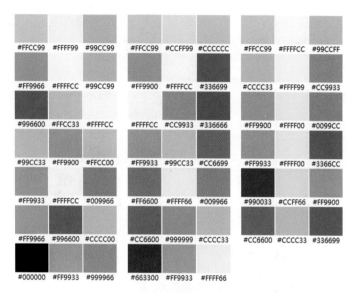

图2-38　橙色配色方案

图2-39　应用橙色的店铺

⚫ **温馨提示：**

　　橙色在HSB数值的H中为30度，是正橙色。橙色的对比色是蓝色，当这两种颜色彩度倾向越明确时，对比强度就越大。但我们也看到，除了正宗的对比色橙蓝色外，橙色和绿色随着纯度的升高，所获得的对比效果也越来越强烈。

3）黄色

黄色是阳光的色彩，具有活泼与轻快的特点，给人一种十分年轻的感觉，象征光明、希望、高贵、愉快。浅黄色表示柔弱，灰黄色表示病态。它的亮度最高，和其他颜色配合很活泼，有温暖感，具有快乐、希望、智慧和轻快的个性。黄色也代表着土地，象征着权力，并且还具有神秘的宗教色彩。常见的黄色配色方案如图2-40所示。黄色与某些食品色彩相似，可以应用于食品类的店铺中。另外，黄色的明度较高，是活泼欢快的色彩，有智慧、欢乐的个性。黄色是前进色，有扩张的感觉，具有金色的光芒，代表权利和财富，是一种骄傲的色彩。因此，很多店铺会使用黄色来体现自己商品的高档与华贵，如图2-41所示。

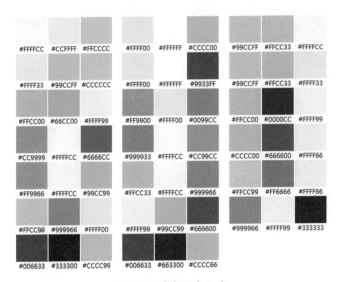

图2-40　黄色配色方案

图2-41　应用黄色的店铺

💡 **温馨提示：**

黄色能和众多颜色搭配，但是要注意和白色的搭配，因为白色是吞没黄色的色彩，它会使人看不清楚。另外，深黄色最好不要与深紫色、深蓝色、深红色搭配，因为这几种颜色搭配会使人感到晦涩与失望；淡黄色也不要与明度相当的色彩搭配，要拉开明度上的层次距离。黄色与红色搭配可以营造一种吉祥喜悦的气氛，黄色与绿色搭配，会显得有朝气和活力；黄色与蓝色搭配，可以显得美丽清新；淡黄色与深黄色搭配，可以衬托出高雅。

4）绿色

绿色介于黄色和蓝色（冷暖）之间，属于较中庸的颜色。绿色象征着平和、安稳、大度、宽容，是一种柔顺、恬静、满足、优美、受欢迎的颜色，也是网店页面中使用最广泛的颜色之一。

绿色与人类息息相关，是永恒的欣欣向荣的自然之色，象征着生命与希望，也充满了青春活力；绿色象征着和平与安全、发展与生机、舒适与安宁、松弛与休息，有缓解眼部疲劳的作用。

绿色能使我们的心情变得格外明朗。黄绿色代表清新、平静、安逸、和平、柔和、春天、青春的心理感受。常见的绿色配色方案如图2-42所示。绿色通常与环境意识有关，也经常被联想到与健康有关的事物，所以绿色系经常会用在与自然、健康有关的网店，还经常应用于生态特产、护肤品、儿童商品或保健健康食品网店，如图2-43所示。

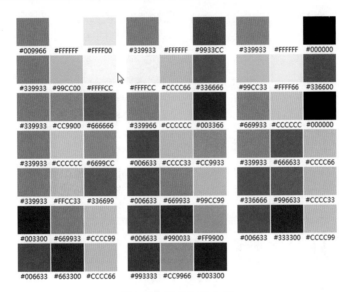

图2-42　绿色配色方案

图2-43　应用绿色的店铺

温馨提示：

在绿色中加入黄色的成分较多时，其色彩就趋于活泼、友善，具有幼稚性；在绿色中加入少量的黑色时，其色彩就趋于庄重、老练、成熟；在绿色中加入少量的白色时，其色彩就趋于洁净、清爽、鲜嫩。

5）蓝色

蓝色是色彩中比较沉静的颜色，象征着永恒与深邃、高远与博大、壮阔与浩渺，是令人心情畅快的颜色。

一方面，蓝色具有朴实、稳重、内向的特点，衬托那些活跃、具有较强扩张力的色彩，运用对比手法，可以活跃页面；另一方面，蓝色又有消极、冷淡、保守等意味。蓝色与红色、黄色等色彩搭配得当，能构成和谐的对比调和关系。

蓝色是冷色调中最典型的代表色，是网店页面中运用得最多的颜色，也是许多人钟爱的颜色。常见的蓝色配色方案如图2-44所示。蓝色表达着深远、永恒、沉静、无限、理智、诚实、寒冷等多种感觉。蓝色给人一种很强烈的安稳感，同时蓝色还能够给人和平、淡雅、洁净、可靠等感觉。蓝色多用于科技产品、家电产品、化妆品或者旅游类型的网店，如图2-45所示。

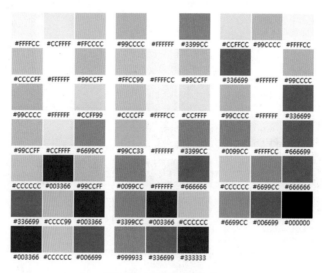

图2-44　蓝色配色方案

图2-45　应用蓝色的店铺

温馨提示：

在蓝色中添加少量的红色、黄色、橙色、白色等颜色，均不会对蓝色的色彩产生较明显的影响；如果在蓝色中加入较多的黄色，其色彩就会趋于甜美、亮丽、芳香；在蓝色中加入少量的白色，可使蓝色的色彩趋于焦躁、无力。

6）紫色

紫色可以说是最具优雅气质的颜色，给人一种成熟与神秘感，是女性的专属色之一。从T台秀场到街拍，紫色经常出现在人们的视线中，这些紫色有的优雅、高贵，有的极具街头范儿，经过人们的精心搭配，显示出了紫色的百变魅力。然而紫色不好驾驭，如果搭配不当则会显得过于老气。紫色的明度在有彩色的色彩中是最低的。紫色的低明度给人一种沉闷、神秘的感觉。常见的紫色配色方案如图2-46所示。紫色通常用于以女性为对象或以艺术品为主的网店。另外，紫色是高贵华丽的色彩，很适合表现珍贵、奢华的商品，如图2-47所示。

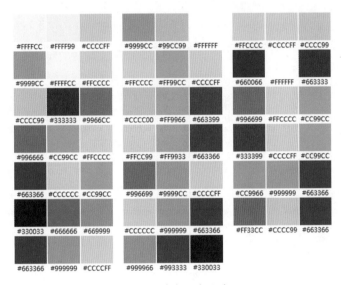

图2-46 紫色配色方案

图2-47 应用紫色的店铺

温馨提示：

（1）当紫色中红色的成分较多时，其感觉具有压抑感、威胁感。

（2）在紫色中加入少量的黑色，其感觉就趋于神秘、难以捉摸、高贵。

（3）在紫色中加入白色，可使紫色沉闷的感觉消失，变得优雅、娇气，并充满女性的魅力。

2.按印象的搭配分类配色

色彩搭配看似复杂，但并不神秘。既然每种色彩在印象空间中都有自己的位置，那么色彩搭配所得到的印象则可以用加减法来估算。如果每种色彩都是高亮度的，那么它们的叠加，自然会是柔和、明亮的；如果每种色彩都是浓烈的，那么它们的叠加，就会是浓烈的。当然在实际设计过程中，设计师还要考虑到乘除法，例如同样亮度和对比度的色彩，在色环上的角度不同，搭配起来就会得到千变万化的结果。因此，色彩除了按色相搭配外，还可以将印象作为搭配分类的方法。

1）柔和、明亮、温柔

亮度高的色彩搭配在一起就会得到柔和、明亮和温柔的感觉。为了避免刺眼，设计师一般会用低亮度的前景色调和，同时色彩在色环之间的距离也有助于避免沉闷，如图2-48所示。此色彩常用于与女性有关的网店。

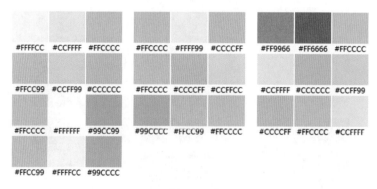

图2-48　柔和、明亮、温柔

2）柔和、洁净、爽朗

对于柔和、洁净、爽朗的色彩，色环中蓝到绿相邻的颜色应该是最适合的，并且亮度偏高。可以看到，几乎每个组合都有白色参与。当然在实际设计时，可以用蓝绿相反色相的高亮度有彩色代替白色，如图2-49所示。此色彩常用于与厨卫有关的网店。

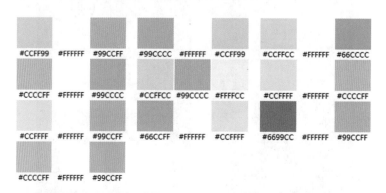

图2-49　柔和、洁净、爽朗

3）可爱、快乐、有趣

可爱、快乐、有趣色彩的搭配特点是色相分布均匀，冷暖搭配，饱和度高，色彩分辨度高，如图2-50所示。此色彩常用于与儿童有关的网店。

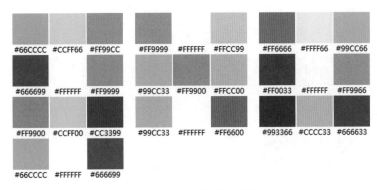

图2-50　可爱、快乐、有趣

4）活泼、快乐、有趣

活泼、快乐、有趣相对前一种颜色，色彩选择更加广泛，最重要的变化是将纯白色用低饱和度的彩色或者灰色取代，如图2-51所示。此色彩常用于与儿童有关的网店。

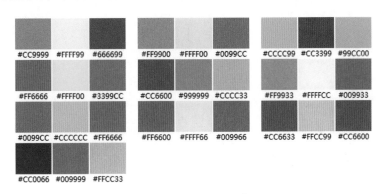

图2-51　活泼、快乐、有趣

5）运动、轻快

运动、轻快的色彩可以强化色彩的激烈、刺激性，同时还可以强化色彩的健康、快乐、阳光性，因此，饱和度较高、亮度偏低的色彩在这类设计中经常登场，如图2-52所示。此色彩常用于与运动有关的网店。

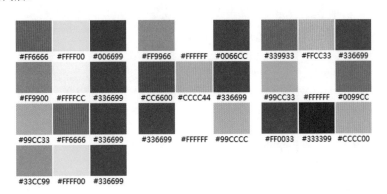

图2-52　运动型、轻快

6）轻快、华丽、动感

要想给人以华丽的印象，页面要充满色彩，并且饱和度偏高，而亮度适当减弱则能强化这种印象，如图 2-53 所示。此色彩搭配常用于经营户外运动用品的网店。

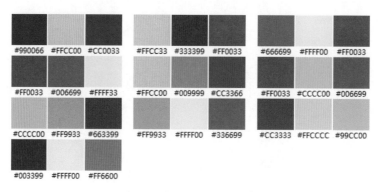

图2-53　轻快、华丽、动感

7）狂野、充沛、动感

狂野、充沛、动感的设计作品中少不了低亮度的色彩，甚至可以用适当的黑色搭配，其他有彩色的饱和度较高，对比强烈，如图2-54所示。此色彩常用于与户外运动有关的网店。

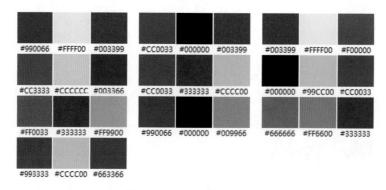

图2-54　狂野、充沛、动感

8）华丽、花哨、女性化

华丽、花哨、女性化的页面中紫色和品红是主角，粉红、绿色也是常用色相。一般情况下，它们之间要进行高饱和度的搭配，如图2-55所示。此色彩常用于与女性有关的网店。

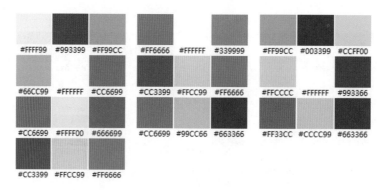

图2-55　华丽、花哨、女性化

9）回味、女性化、优雅

回味、女性化、优雅的页面很奇特，色彩的饱和度一般应降下来，以蓝与红之间的相邻色进行搭配，如图2-56所示。此色彩常用于与女性有关的网店。

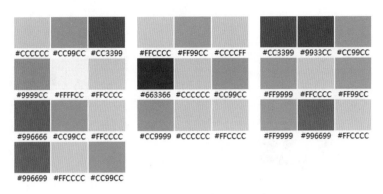

图2-56　回味、女性化、优雅

10）高尚、自然、安稳

营造高尚、自然、安稳的视觉氛围一般要用低亮度的黄绿色，色彩亮度要降下去，只要注意色彩的平衡，页面就会显得安稳，如图2-57所示。此色彩常用于与老人有关的网店。

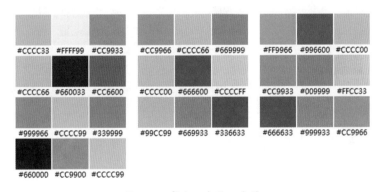

图2-57　高尚、自然、安稳

11）冷静、自然

绿色是冷静、自然的色彩，但是如果以绿色作为页面的主要色彩，容易使页面过于消极。因此，应该特别重视此色彩的运用，如图2-58所示。此色彩常用于与茶有关的网店。

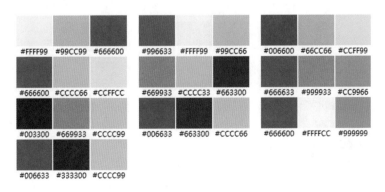

图2-58　冷静、自然

12）传统、高雅、优雅

传统的色彩一般应降低色彩的饱和度，棕色是高雅和优雅的常用色相，如图2-59所示。此色彩常用于与家纺居家有关的网店。

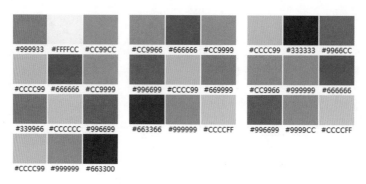

图2-59　传统、高雅、优雅

13）传统、稳重、古典

传统、稳重、古典等色彩都是保守的色彩，在色彩的选择上应该尽量采用低亮度的暖色，这种搭配更具有成熟感，如图2-60所示。此色彩常用于与家具建材有关的网店。

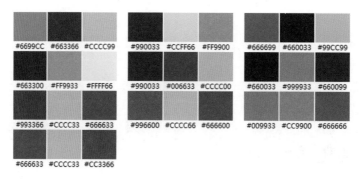

图2-60　传统、稳重、古典

14）忠厚、稳重、有品位

亮度、饱和度偏低的色彩会给人一种忠厚、稳重、有品位的感觉。这样的搭配为了避免色彩过于保守，使页面僵化、消极，应当注重冷暖结合和明暗对比，如图2-61所示。此色彩常用于与珠宝或仿古产品有关的网店。

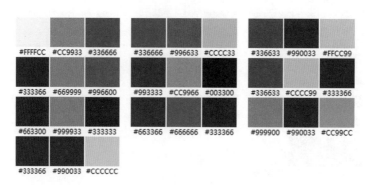

图2-61　忠厚、稳重、有品位

15）简单、洁净、进步

简单、洁净的色彩在色相上可以用蓝色、绿色表现，并大面积留白。而进步的印象可以多用蓝色，搭配低饱和度的颜色甚至灰色，如图2-62所示。此色彩常用于与男性有关的网店。

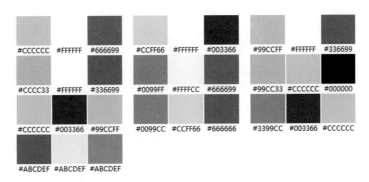

图2-62　简单、洁净、进步

16）简单、时尚、高雅

灰色是最具平衡感的色彩，并且是塑料金属质感的主要色彩之一，因而要表达简单、时尚、高雅，可以适当使用甚至大面积使用，但是需要注重图案和质感的构造，如图2-63所示。此色彩常用于与男性有关的网店。

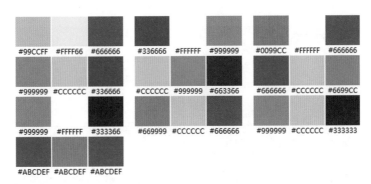

图2-63　简单、时尚、高雅

17）简单、进步、时尚

简单、进步、时尚的色彩多数以灰色、蓝色和绿色作为主导色，在网店中多显示时尚、大方的个性，如图2-64所示。此色彩常用于与男性有关的网店。

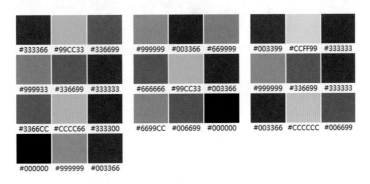

图2-64　简单、进步、时尚

3.按色系分类配色

色系即色彩的冷暖分类。色彩学上根据心理感受，把颜色分为暖色调（红、橙、黄）、冷色调（青、蓝）和中性色调（紫、绿、黑、灰、白）。冷暖色调分布色相，如图2-65所示。

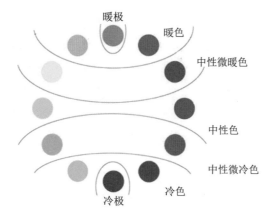

图2-65　冷暖色调分布色相

1）冷色系

蓝色、绿色、紫色等都属于冷色系，给人一种专业、稳重、清凉的感觉。如图2-66所示为冷色系的淘宝网上店铺。

图2-66　冷色系的淘宝网上店铺

2）暖色系

暖色系是由太阳颜色衍生出来的颜色，如红色和黄色，给人一种温暖柔和的感觉。喜欢春天色系和秋天色系的人比较适合穿暖色系的衣服，化暖色系的妆。如图2-67所示为暖色系的淘宝网上店铺。

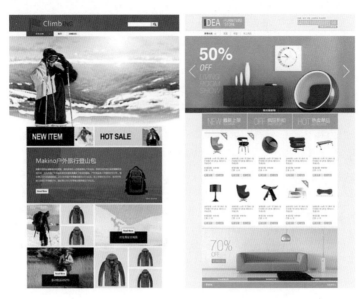

图2-67　暖色系的淘宝网上店铺

3）中性色系

　　中性色系就是黑、白、灰三种颜色，可以与任何色系搭配。如图2-68所示为中性色系的淘宝网上店铺。

图2-68　中性色系的淘宝网上店铺

2.6.3　色彩推移

　　网店页面中采用色彩推移的方式组合色彩，是构成页面统一色调的最好方法之一。

　　色彩推移是将色彩按照一定规律有秩序地排列、组合的一种设计方式。其种类有色相推移、明度推移、纯度推移、互补推移和综合推移等。设计师可以通过色彩推移的方法使页面色彩看起来更加统一、和谐。色彩推移同样可以运用到局部图像设计中，如图2-69所示。

图2-69　色彩推移的页面局部

1.色相推移

色相推移是将色彩按色相环的顺序，由冷到暖或由暖到冷进行排列、组合的一种设计方式。为了使画面丰富多彩、变化有序，色彩可选用色相环，从一种颜色推移到另一种颜色，也可以选用灰度色相环，从白色到黑色或从黑色到白色。

2.明度推移

明度推移是将色彩按明度等差级数系列的顺序，由浅到深或由深到浅进行排列、组合的一种渐变形式。一般选用单色系列组合，也可选用两个色彩的明度系列，但不宜选用太多，否则易乱易花，效果适得其反。

3.纯度推移

纯度推移是将色彩按等差级数系列的顺序，由鲜到灰或由灰到鲜进行排列、组合的一种设计方式。

4.互补推移

互补推移是处于色相环通过圆心180°两端位置上一对色相的纯度组合推移方式。

5.综合推移

综合推移是将色彩的色相、明度、纯度推移进行综合排列、组合的设计方式，由于色彩三要素的同时加入，其效果要比单项推移丰富得多。

◖ 温馨提示：

在使用颜色综合推移方式为网页搭配色彩时，需要注意色调之间的和谐性。

2.6.4　色彩采集

在为网店搭配颜色时，有些制作人员没有色彩知识，在不懂得色彩组合原理的情况下，制作人员如何能够为自己的网店搭配与产品相呼应的页面色彩呢？在Photoshop中采集色彩的方法通常是通过 ✎（吸管工具），在产品中某个颜色上单击，此时就会将当前选取的颜色作为"工具箱"中的前景色，如图2-70所示。

图2-70　吸取颜色

此时在"拾色器"面板中可以看到当前采集的颜色信息，如图2-71所示。

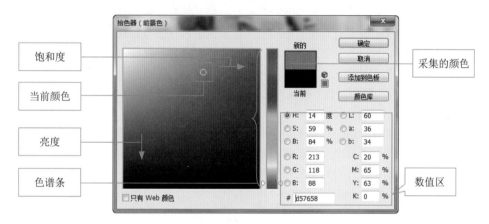

图2-71　拾色器

如果在数值区更改数字，此时会明显看到之前的颜色与更改后的颜色，如图2-72所示。

勾选"只有Web颜色"复选框后，在拾色器中只会显示应用于网页的颜色，如图2-73所示。采集完毕的颜色就可以将其作为与产品相对应的主色、辅助色或点缀色加以运用。

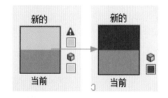

图2-72　改变数值时的颜色对比

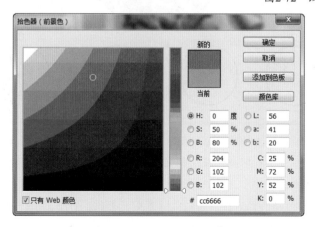

图2-73　应用于Web的颜色

2.7 色彩介绍

色彩是很微妙的东西，它们本身的独特表现力可以通过刺激大脑以传达信息、情感和思想来体现。特定的视觉经验趋于特定性，另外，色彩的色相变化、明度变化、纯度变化，加上各种组合等变化又赋予了色彩变化的不定性。

2.7.1 色彩对比

生活中的色彩往往不是单独存在的。我们观察色彩时，或是在一定背景中观察，或是几种色彩并列，或是先看某种色彩再看另一种色彩，等等。这样所看到的色彩就会发生变化，形成色彩对比现象，从而影响心理感觉。

在色彩对比的状态下，由于相互作用的缘故，与单独见到的色彩是不一样的。这种现象是由视觉残像引起的。当我们短时间注视某一色彩图形后，再看白色背景时，会出现色相、明度关系大体相仿的补色图形。如果背景是有色彩的，视觉残像色就会与背景色混色。在并置色的情况下，就出现了相互影响的问题。因此，当我们进行配色设计时，就应考虑由于补色残像下形成的视觉效果，并作出相应的处理。

色彩对比主要可分为色相对比、明度对比、补色对比、纯度对比和冷暖对比。

1.色相对比

两种以上色彩组合后，由于色相差别而形成的色彩对比效果称为色相对比。它是色彩对比的一个根本方面，其对比强弱程度取决于色相之间在色相环上的距离（角度），距离（角度）越小对比越弱，反之则对比越强。根据颜色在色相环上的角度差别的远近，可分为类似色、邻近色、对比色和互补色等不同的对比类型，如图2-74所示。

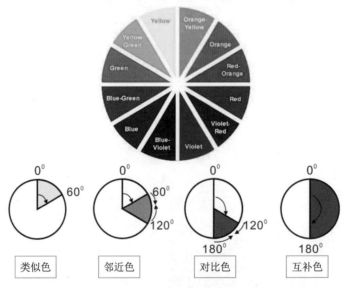

图2-74 色相对比类型

（1）类似色及其对比应用。类似色是指色环上差距在60°以内的颜色，如红和橙、黄和黄绿、品红和紫等，属于色相的弱对比。类似色反差小、柔和、舒缓，适合表现柔软的商品，可应用在婴幼用品、女装等网店中，如图2-75所示。

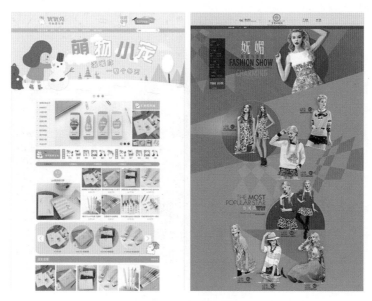

图2-75　类似色店铺

（2）邻近色及其对比应用。邻近色是指在色相环上差距在60~120°之间的颜色，如红和紫、绿和蓝、青和黄等，属于色相的中对比。邻近色之间反差适度，且色与色之间互有共同点，显得和谐自然，可应用在妇婴用品、日用品、食品等网店中，给人一种典雅、明晰和干净的感觉，如图2-76所示。

图2-76　邻近色店铺

（3）对比色及其对比应用。对比色是指在色相环上差距在120~180°之间的颜色，如黄和紫、蓝和红等，均属于色相的强对比。对比色之间反差较大，组合使用时能使人产生一种强烈鲜明、干脆利落的感觉，有非常醒目的宣传效果，可应用于运动产品、科技产品、节庆用品等网上店铺中，如图2-77所示。

图2-77　对比色店铺

（4）互补色及其对比应用。互补色是指色相环上距离为180°的颜色，属于最强的色相对比。在色相环上任意一条直线两端的色彩都是一对补色。最典型的互补色分别是红色和青色、黄色和蓝色、绿色和品红色。对比色组合时，反差非常强烈，显得鲜明、果决，富有刺激性，视觉瞩目性极高，但比较生硬、刺目，使用时需要进行调和处理。如图2-78所示的店铺色彩对比为互补色，利用互补色可以使广告更加突出。

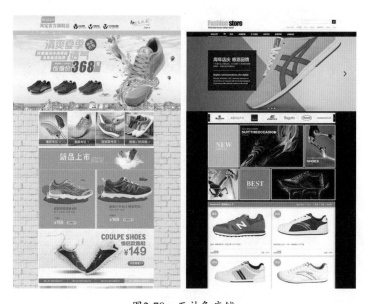

图2-78　互补色店铺

2.明度对比

以明度差别为主产生的对比称为明度对比。我们通常把无彩色从黑到白的明度变化分为九个等级，称为明度梯尺。有彩色也可以在明度梯尺上找到对应的明度位置。除黑和白之外，明暗程度在0~3级的颜色均可称为低明度颜色；明暗程度在4~6级的颜色均可称为中明度颜色；明暗程度在7~10级的颜色均可称为高明度颜色，如图2-79所示。同种颜色的不同明度在同一页面中给人的感觉有很大不同。

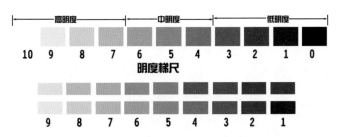

图2-79　明度梯尺与有彩色对应

对于色彩运用来说，明度对比的正确与否，是决定配色的光感、明快感、清晰感以及心理作用的关键。在搭配颜色时一定要先对无彩色中的黑、白、灰对比进行研究，还要对有彩色之间的明度对比进行研究，从而使店面色调与产品相符合。如图2-80所示的图像是使用明度对比进行装修的店面。

图2-80　使用明度对比进行装修的店面

3.补色对比

补色对比，即色彩对比中最强烈的对比，黄与紫，橙与蓝，红与绿，这是最强烈的3对补色，如图2-81所示。

图2-81　补色对比

4.纯度对比

一种颜色的鲜艳度取决于这一色相发射光的单一程度，不同的颜色放在一起，它们的对比是不一样的。人眼能辨别的有单色光特征的色，都具有一定的鲜艳度。

将某一色相的纯色按比例逐渐加入无彩色，即可形成由若干个色阶组成的纯度系列。我们将其分为高纯度、中纯度和低纯度三个层次，即纯色和接近纯色的色为高纯度色阶，接近灰色的色为低纯度色阶，两者之间的色为中纯度色阶。将三个层次的色阶相互组合，可以形成较强对比——主体色为高纯度色，陪衬色和点缀色为中纯度色和低纯度色；灰强对比——主体色为低纯度色，陪衬色与点缀色为高纯度色和中纯度色；中弱对比——主体色为中纯度色，其他色为接近中纯度色；形成较弱对比——主体色为高纯度色，其他色为接近高纯度色等的色彩纯度组合。如图2-82所示的图像为纯度对比。

图2-82　纯度对比

5.冷暖对比

冷暖对比是通过颜色的冷热差别形成的对比。冷暖本身是人皮肤对外界温度高低的条件感应，色彩的冷暖感主要来自人的生理与心理感受，在色彩中可以分为冷色与暖色两种。红色光、橙色光和黄色光本身具有暖和感，照射在任何物体上时都会有一种暖暖的感觉，这类色彩称为暖色；紫色光、蓝色光和绿色光给人一种寒冷的感觉，这类色彩称为冷色。

在色彩搭配中，单纯的冷色系比暖色系舒适，不会造成视觉疲劳。蓝色、绿色是冷色系中的主要颜色，也是最常用的颜色，使用这类色彩制作的网店页面，会使人产生一种清新、祥和、安宁的感觉。

由于冷暖色系本身的对立性区分很明显，因此在设计时最好选择一种色系作为主色，而将另一种色系作为辅助色，从而起到互相陪衬的作用，使页面色彩保持协调，如图2-83所示。

图2-83　冷暖对比

6.色彩的面积对比

色彩的面积对比是指两色或两色以上色彩面积的相互关系，也是色彩面积大小和多少的对比关系，如图2-84所示。

图2-84　色彩的面积对比

2.7.2　色彩调和

两种或两种以上的色彩合理搭配，如果获得统一和谐的效果，就可称为色彩调和。色彩调和有以下三种类型。

1.同种色的调和

同种色的调和，是指相同色相、不同明度和纯度的色彩调和。同种色的调和，可以获得循序渐进的视觉效果，在明度、纯度的变化上，形成强弱、高低的对比，以弥补同种色调和的单调感。

2.类似色的调和

以色相接近的某类色彩，如红与橙、蓝与紫等的调和，称为类似色的调和。类似色的调和主要靠类似色之间的共同色来起作用。

3.对比色的调和

对比色的调和，是指以色相相对或色性相对的某类色彩，如红与绿、黄与紫、蓝与橙的调和。调和方法有：选用一种对比色将其纯度提高或降低另一种对比色的纯度；在对比色之间插入分割色（金色、银色、黑色、白色、灰色等）；采用双方面积大小不同的处理方法，以达到对比中的和谐；对比色之间具有类似色的关系，也可起到调和的作用。

2.8 网店页面色彩分类

在为网店装修时，页面的色彩根据其作用的不同可以分为三类，即静态色彩、动态色彩和强调色彩。其中静态色彩和动态色彩，这两种色彩各有用途，相互影响、相互协作，处理好这两种色彩之间的关系，就可使页面色彩获得统一和谐的视觉效果，买家才会对您的网店更多一些关注。

2.8.1 静态色彩与动态色彩

网店中的静态色彩并不是指动画中静态色彩的意思，而是指结构色彩、背景色彩和边框色彩等带有特殊识别意义的、决定店面色彩风格的色彩。动态色彩也不是指动画中运动物体携带的色彩，而是指插图、照片和广告等复杂图像中带有的色彩，这些色彩通常无法用单一色相去描绘，并且带有多种不同的色调，随着图像在不同页面位置的使用，动态色彩也要跟随着变化，如图2-85所示。

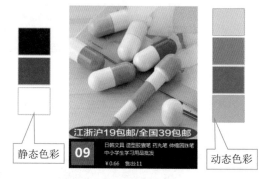

图2-85 静态色彩与动态色彩

2.8.2 强调色彩

强调色彩又称突出色彩，是网店页面设计时有特殊作用的色彩，是为了获得某种视觉效果时与静态色彩对比反差较大的突出色彩，或者是在店招中带有广告推荐意义的特殊色彩，或者是在段落文字中为了突出重点而通过不同色彩加注文字等。如图2-86所示的图像，作为强调色彩的文字、标签和商品、人物肤色与静态色彩的背景产生了强烈的对比。

图2-86 强调色彩

2.9 商品色调风格调整

在为网店上传宝贝时，很多时候会发现网拍的商品颜色不是很多，或者由于模特时间匆忙或拍摄者掌握不好拍摄角度而没有将所有同款衣服的不同颜色都进行拍照，又或者拍摄时由于天气或对相机的不熟悉而产生曝光不足，又或者想对已拍摄的产品进行突出处理。此时我们就需要借助一些软件来将以上遗漏或遗憾进行调整。对于拍摄后的图像，扫描到计算机中每张图片都或多或少存在问题，但在处理时不外乎进行曝光调整、色彩调整两个主要步骤，通过这两个步骤可以完成对图像过暗、过亮、偏色等问题的调整。处理图像的基本流程如表2-3所示。

表2-3 网店商品色调调整流程

曝光调整	色彩调整
查看相片的明暗分布状况 调整整体亮度与对比度 修正局部区域的亮度与对比度	移除整体色偏 修复局部区域的色偏 强化图像的色彩 更改图像色调

2.10 图像配色技巧

在设计时除了图像设计的构图版式外，配色应该是最能刺激人们视觉的元素了，好的图像配色会给人一种舒服的感觉。在设计配色时最好不要超过三种颜色，颜色太多会产生混乱的效果。在为图像配色时最好能够在色相、饱和度或明度中选择一种保持相近，这样的配色不会让人产生厌烦心理。如图2-87所示的图像配色就会让买家产生一种非常厌烦的感觉。

图2-87 选色不合理产生混乱效果

从图2-87中选择的颜色不难看出其中的色相、饱和度和明度，没有一种是保持相近的，所以会使人产生较为混乱的感觉。这里如果将配色按照饱和度相近的方法加以调整，调整完后就可以发现整个图像的质量马上出现了一个质的飞跃，如图2-88所示。

图2-88　选色合理产生舒适效果

⌒ 温馨提示：

配色在设计时应该按场景所定，不要只是按照单一的数值来决定具体的配色；在调整配色时如果想要保持色相、饱和度或明度其中一种的值不变，只要在"拾色器"中将其对应的H、S、B分别进行勾选，此时"拾色器"对话框中调整区就是此色相、饱和度或明度相一致的数值。

如果将色调定为永不过时的灰白色，此时更能凸显出画面中模特的本质，使大家将视觉快速地转移到模特身上，如果再点缀上黑色、白色，那么整体图像就会显得更有女人味、更加高端大气，如图2-89所示。

图2-89　无色彩配色

选择一种大面积的高纯度颜色与浅色作为图像的背景，更能增强整体图像的视觉吸引力，如图2-90所示。

图2-90 有色彩配色

第 3 章

图片的切割与优化

在网店中应用的图片不仅可以整体应用到店铺中，还可以用切片的形式进行应用。

本章就向大家介绍在 Photoshop 中对网店的商品图片进行切片创建以及优化设置，并执行批处理操作的方法。

3.1 在Photoshop中创建切片

利用"创建切片"功能可以将一张图片分成若干个小图片，每个小图片都可以被重新优化。Photoshop软件对一张图片创建切片时，根据图片的特点以及对切片的灵活应用，大致有三种方式，分别是通过工具创建切片、基于参考线创建切片和基于图层创建切片。

3.1.1 通过工具创建切片

在 Photoshop 中通过工具创建切片的方法非常简单，只要在"工具箱"中选择 （切片工具），在打开的图像中按照颜色分布使用鼠标在其上面进行拖动，松开鼠标即可创建切片，如图3-1所示。

图3-1　通过工具创建切片

操作延伸：

选择 （切片工具）后，属性栏会变成该工具对应的选项设置，如图3-2所示。

图3-2　切片工具属性栏

其中的各项含义如下。

● 样式：用来设置创建切片的方法，包括正常、固定大小和固定长宽比。

● 宽度/高度：用来固定切片的大小或比例。

● 基于参考线的切片：按照创建参考线的边缘建立切片。

3.1.2 基于参考线创建切片

在打开的素材中，按Ctrl+R键调出标尺，之后在标尺上向图像内部拖曳，为图像创建辅助线，如图3-3所示。

使用（移动工具）在标尺上向图像内部拖曳

图3-3　拖曳出参考线

参考线创建完成后，选择工具箱中的 （切片工具），在属性栏中单击"基于参考线的切片"按钮，即可在创建的参考线中创建切片，如图3-4所示。

图3-4　基于参考线创建切片

3.1.3　基于图层创建切片

打开一幅素材图像，在"图层"面板中选择其中一个图层，如图3-5所示。

图3-5　选择图层

执行菜单栏中的"图层"|"新建基于图层的切片"命令，此时会在图层的对应图像中创建切片，如图3-6所示。

图3-6　创建切片

3.1.4　通过划分切片创建陈列区图像的切片图像

在店铺中应用陈列区图像制作开关灯效果之前，首先要对制作的图片创建切片并导出，之后再将切片图像上传到"图片空间"|"素材中心"中，最后结合Dreamweaver将其应用到店铺中。本节为大家讲解陈列区图像在Photoshop中创建切片的方法。

操作步骤：

❶ 打开本书配备的"素材\第3章\陈列区图像设计.psd"文件，选择 ✄ （切片编辑工具）后，单击属性栏中的"划分"按钮，如图3-7所示。

图3-7　单击"划分"按钮

❷ 打开"划分切片"对话框，其中的参数值设置如图3-8所示。

图3-8　"划分切片"对话框

❸ 设置完毕后单击"确定"按钮，垂直划分切片后的效果如图3-9所示。

图3-9　垂直划分切片后的效果

❹ 执行菜单栏中的"文件"|"存储为Web所用格式"命令，其中的参数值设置如图3-10所示。

图3-10　设置参数值

⑤ 设置完毕后单击"存储"按钮，打开"将优化结果存储为"对话框，其中的参数值设置如图3-11所示。

图3-11　"将优化结果存储为"对话框

⑥ 设置完毕后单击"保存"按钮，此时打开文件夹就可以看到存储的切片，如图3-12所示。

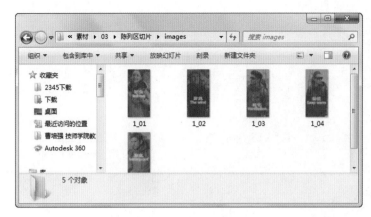

图3-12 存储的切片

⑦ 返回到Photoshop 中，将橘色隐藏，如图3-13所示。

图3-13 隐藏

⑧ 将当前区域再次进行"存储为Web所用格式"命令，存储后，在文件夹中可以看到切片效果，如图3-14所示。

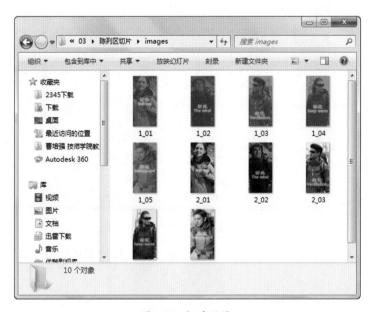

图3-14 切片效果

温馨提示:

此处生成的切片是为了在第6章中制作鼠标滑过效果。

温馨提示:

水平或垂直方向上的均分图像,都可以通过"划分切片"对话框进行切片的划分,如图3-15所示。

图3-15 "划分切片"对话框

3.1.5 店铺公告图片切割

在店铺中应用店铺公告之前,首先要为制作的店铺公告图片制作切片,之后再将切片上传到"图片空间"中,最后通过 Dreamweaver 软件将其应用到店铺中。本小节为大家讲解店铺公告图片在 Photoshop 中创建切片的方法。

操作步骤:

❶ 启动Photoshop软件,打开本书配备的"素材\第3章\750店铺公告模板制作.psd"文件,如图3-16所示。

图3-16 "750店铺公告模板制作"文件

❷ 在工具箱中选择 ◢ (切片工具),在打开的图像中通过拖曳的方式创建切片,如图3-17所示。

图3-17   创建切片

❸ 切片创建完毕后，执行菜单栏中的"文件"|"存储为Web所用格式"命令，打开"存储为Web所用格式"对话框，其中的参数值设置如图3-18所示。

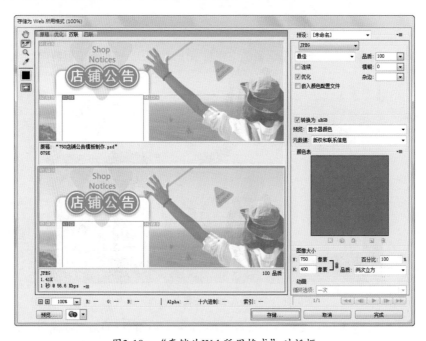

图3-18   "存储为Web所用格式"对话框

❹ 设置完毕后，单击"存储"按钮，打开"将优化结果存储为"对话框，如图3-19所示。

图3-19 "将优化结果存储为"对话框

❺ 单击"保存"按钮，此时在保存的文件夹中可以看到切片文件，如图3-20所示。

图3-20 保存的切片文件

3.1.6 详情描述模板切割

本小节为大家详情描述模板图片在Photoshop中创建并导出切片的方法。

操作步骤：

❶ 启动Photoshop软件，打开本书配备的"详情描述模板.psd"文件，如图3-21所示。

图3-21 "详情描述模板"文件

❷ 在"图层"面板中，将除背景以外的图层全部选取，如图3-22所示。

❸ 执行菜单栏中的"图层"|"新建基于图层的切片"命令，在图像中创建切片，如图3-23所示。

图3-22　选择图层

图3-23　创建切片

❹ 切片创建完毕后，执行菜单栏中的"文件"|"存储为Web所用格式"命令，打开"存储为Web所用格式"对话框，使用 🖾（切片选择工具）选择切片2、切片4、切片6、切片8，其他参数不变，如图3-24所示。

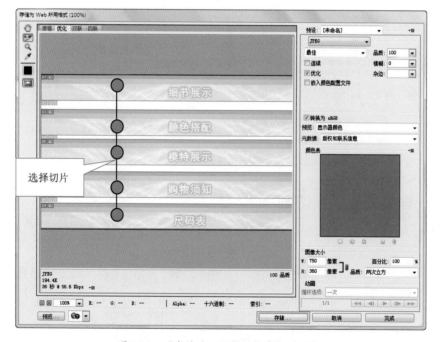

图3-24　"存储为Web所用格式"对话框

❺ 设置完毕后，单击"存储"按钮，打开"将优化结果存储为"对话框，设置"文件名"为详情描述、"格式"为仅限图像、"设置"为默认设置、"切片"为选中的切片，如图3-25所示。

图3-25　"将优化结果存储为"对话框

❻ 单击"保存"按钮，此时在保存的文件夹中可以看到切片文件，如图3-26所示。

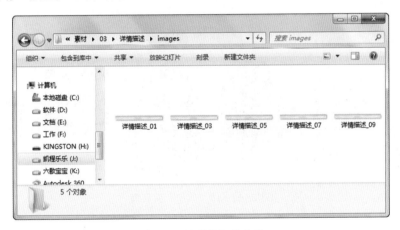

图3-26　保存的切片文件

3.2　切片图片的优化

　　在网络中，当我们创建的图像非常大时，传输的速度会非常慢，这就要求我们在进行网页创建和利用网络传送图像时，要在保证一定质量和显示效果的同时尽可能降低图像文件的大小。当前常见的 Web 图像格式有三种：JPG 格式、GIF 格式和 PNG 格式。JPG格式与 GIF格式大家司空见惯，而 PNG 格式（Portable Network Graphics 的缩写）则是一种新兴的Web 图像格式，以 PNG 格式保存的图像一般都很大，甚至比 BMP 格式还大一些，这对于Web 图像来说无疑是致命的，因此很少被使用。对于连续色调的图像最好使用 JPG格式进行压缩；而对于不连续色调的图像最好使用 GIF 格式进行压缩，以使图像质量和图像大小有一个最佳的平衡点。

3.2.1 编辑切片

使用■（切片选择工具）可以对已经创建的切片进行链接与调整编辑。

选择■（切片选择工具）后，属性栏中会显示针对该工具的一些选项设置，如图3-27所示。

图3-27 "切片选择工具"属性栏

其中的各项含义如下。

- 切片顺序：用来设置当前切片的叠放顺序，从左到右表示的意思依次是置为顶层、上移一层、下移一层和置为底层。
- 提升：用来将未形成的虚线切片转换成正式切片，该选项只有在未形成的切片上单击，在出现虚线切片时，才可以被激活。单击按钮后，虚线切片会变成当前的用户切片，如图3-28所示。

图3-28 "切片选项"对话框

- 划分：对切片进行进一步的划分，如图3-29所示。

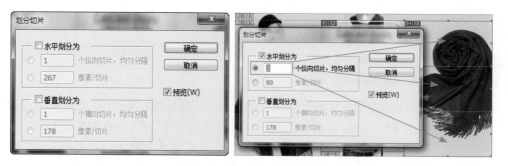

图3-29 划分切片

- 水平划分：水平均匀分割当前切片。
- 垂直划分：垂直均匀分割当前切片。
- 隐藏自动切片：单击该按钮，可以将未形成切片的虚线隐藏或显示。

● 切片选项：选择切片3，单击该按钮可以打开对当前切片的"切片选项"对话框，在其中可以设置相应的参数，如图3-30所示。

图3-30　"切片选项"对话框

其中的各项含义如下。

● 切片类型：输出切片的设置，包括图像、无图像和表。

● 名称：显示当前选择的切片名称，也可以自行定义。

● URL：在网页中单击当前切片可以链接的网址。

● 目标：设置打开网页的方式，主要包含以下五种 _blank、_self、_parent、_top和自定义，依次表示为：新窗口、当前窗口、父窗口、顶层窗口和框架。当所指名称的框架不存在时，自定义作用等同于_blank。

● 信息文本：在网页中当鼠标移动到当前切片上时，网络浏览器中状态栏显示的内容。

● Alt标记：在网页中当鼠标移动到当前切片上时，弹出的提示信息。当网络上不显示图片时，图片位置将显示"Alt标记"框中的内容。

● 尺寸：X和Y代表当前切片的坐标，W和H代表当前切片的宽度和高度。

● 切片背景类型：设置切片背景在网页中的显示类型。在下拉菜单中包括无、杂色、白色、黑色和其他。当选择"其他"选项时，会弹出"拾色器"对话框，在对话框中设置切片背景的颜色。

3.2.2　设置优化格式

　　处理用于网络上传输的图像格式时，既要多保留原有图像的色彩质量，又要使其尽量少占用空间，这时就要对图像进行不同格式的优化设置。打开图像后，执行菜单栏中的"文件"｜"存储为 Web 所用格式"命令，即可打开如图 3-31 所示的"存储为 Web 所用格式"对话框。要为打开的图像进行整体优化设置，只要在优化设置区域中的"设置优化格式"下拉列表中选择相应的格式后，再对其进行颜色和损耗等进行设置，如图 3-32~图 3-34 所示的图像分别为优化为 GIF格式、JPEG格式和PNG-8格式时的设置选项。

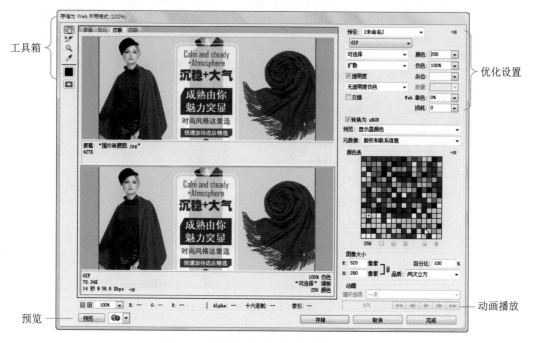

工具箱

优化设置

原稿

预览

动画播放

图3-31　"存储为Web所用格式"对话框

图3-32　GIF格式优化选项　　　图3-33　JPEG格式优化选项　　　图 3-34　PNG-8格式优化选项

温馨提示：

　　选择不同的格式后，可以在原稿与优化的图像中进行比较。

3.2.3　应用颜色表

　　如果将图像优化为GIF格式、PNG-8格式和WBMP格式时，可以通过"存储为Web所用格式"对话框中的"颜色表"部分对颜色进行进一步设置，如图3-35所示。

　　其中的各项含义如下（与之前功能相似的选项这里就不多讲了）。

　　● 颜色总数：显示"颜色表"调板中颜色的总和。

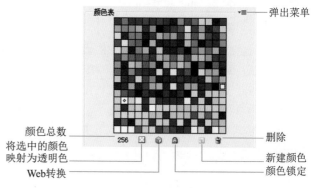

弹出菜单

颜色总数

将选中的颜色映射为透明色

Web转换

删除

新建颜色

颜色锁定

图3-35　颜色表

● 将选中的颜色映射为透明色：在"颜色表"调板中选择相应的颜色后，单击该按钮，可以将当前优化图像中的选取颜色转换成透明色。

● Web转换：可以将在"颜色表"调板中选取的颜色转换成Web安全色。

● 颜色锁定：可以将在"颜色表"调板中选取的颜色锁定，被锁定的颜色样本在右下角会出现一个被锁定的方块图标，如图3-36所示。

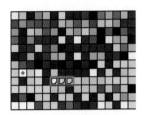

图3-36 颜色锁定

温馨提示：

将锁定的颜色样本选取，再单击"锁定颜色"按钮，可以将锁定的颜色样本解锁。

● 新建颜色：单击该按钮可以将 🖊 （吸管工具）吸取的颜色添加到"颜色表"面板中，新建的颜色样本会自动处于锁定状态。

● 删除：在"颜色表"面板中选择颜色样本后，单击此按钮可以将选取的颜色样本删除，或者直接拖曳到删除按钮上将其删除。

3.2.4 图像大小

颜色设置完毕后，还可以通过"存储为Web所用格式"对话框中的"图像大小"部分对优化的图像进行进一步设置其大小，如图3-37所示。

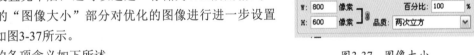

图3-37 图像大小

其中的各项含义如下所述。

● 新建长宽：用来设置修改图像的宽度和长度。

● 百分比：设置缩放比例。

● 品质：可以在下拉列表中选择一种插值方法，以便对图像重新取样。

3.2.5 网店图片格式

在淘宝网店中常用的图片格式主要有GIF、JPEG和PNG这三种，每种格式都有自己的特点。

1.GIF图像文件格式

GIF（Graphics Interchange Format）的原意是"图像互换格式"，是CompuServe公司于1987年开发的图像文件格式。GIF文件的数据，是一种基于LZW算法的连续色调的无损压缩格式。其压缩率一般在50%左右，它不属于任何应用程序。目前，几乎所有的相关软件都支持它，公共领域也有大量的软件在使用GIF图像文件。

GIF图像文件的数据是经过压缩的，而且是采用了可变长度等压缩算法。所以GIF的图像深度从1bit到8bit，即GIF最多支持256种色彩的图像。GIF格式的另一个特点是其在一个GIF文件中可以储存多幅彩色图像，如果把储存于一个文件中的多幅图像数据逐幅读出并显示到屏幕上，就可以构成一种最简单的动画。

GIF格式支持动画和透明背景，因此被广泛应用在网页文档中。但是GIF格式使用8位颜色，仅包含256种颜色，因此，将24位图像优化为8位的GIF格式时会损失掉部分颜色信息。

2.PNG图像文件格式

PNG图像文件格式是作为 GIF 的无专利替代品开发的，用于无损压缩和在 Web 上显示图像。与 GIF 不同的是，PNG 支持 24 位图像并产生无锯齿状边缘的背景透明度；但是，某些 Web 浏览器不支持 PNG 图像。PNG 格式支持无 Alpha 通道的 RGB、索引颜色、灰度和位图模式的图像。PNG 保留灰度和 RGB 图像中的透明度。

温馨提示：

用于网络的图像被压缩得越小，在网页中打开的速度就越快，但是被压缩后图像都会丢失掉自身的一些颜色信息。

3.JPEG图像文件格式

JPEG（Joint Photographic Experts Group）文件后缀名为".jpeg"或".jpg"，是最常用的图像文件格式，由一个软件开发联合会组织制定，是一种有损压缩格式，能够将图像压缩在很小的存储空间，图像中重复或不重要的资料会被丢失掉，因此容易造成图像数据的损伤。尤其是使用过高的压缩比例，将使最终解压缩后恢复的图像质量明显降低，如果追求高品质的图像，不宜采用过高的压缩比例。但是压缩技术十分先进，它用有损压缩方式去除冗余的图像数据，在获得极高压缩率的同时能展现十分丰富生动的图像，换句话说，就是可以用最少的磁盘空间得到较好的图像品质。

JPEG是一种很灵活的格式，具有调节图像质量的功能，允许用不同的压缩比例对文件进行压缩，支持多种压缩级别，压缩比率通常在10∶1到40∶1之间，压缩比率越大，品质就越低；相反地，压缩比率越小，品质就越好。JPEG格式压缩的主要是高频信息，对色彩的信息保留较好，适合应用于互联网，可减少图像的传输时间，可以支持24bit真彩色，也普遍应用于需要连续色调的图像。

JPEG（Joint Photographic Experts Group）格式是目前网络上最流行的图像格式，是可以把文件压缩到最小的格式，在Photoshop软件中以JPEG格式存储时，提供11级压缩级别，以0~10级表示。其中0级压缩比最高，图像品质最差。即使采用细节几乎无损的10级质量保存时，压缩比率也可达5∶1。以BMP格式保存时得到4.28MB（计算机中的一种存储单位）图像文件，在采用JPG格式保存时，其文件仅为178KB（计算机中的一种存储单位），压缩比率达到24∶1。经过多次比较，采用第8级压缩为存储空间与图像质量兼得的最佳比例。

JPEG格式的应用非常广泛，特别是在网络和光盘读物上，都能找到它的身影。目前各类浏览器均支持JPEG这种图像格式，因为JPEG格式的文件尺寸较小，下载速度快。

3.3 批处理多张图片

在上传图片时有时会出现大小不一样、样式不一样的情况，如果想把多幅图片应用同样的样式，就需要对 Photoshop 软件中的"动作"面板和"批处理"有所了解。

3.3.1 动作面板

在"动作"面板中创建的动作可以应用于其他与之模式相同的文件中，如此便为大家节省了大量的时间，执行菜单栏中的"窗口"|"动作"命令，即可打开"动作"面板，该面板的存在形式有标准模式和按钮模式两种，如图3-38所示。

图3-38 "动作"面板

其中的各项含义如下。

- 切换项目开关：当面板中出现该图标时，表示该图标对应的动作组、动作或命令可以使用；当面板中该图标处于隐藏状态时，表示该图标对应的动作组、动作或命令不可以使用。
- 切换对话开关：当面板中出现该图标时，表示该动作执行到这一步时会暂停，并打开相应的对话框，设置参数后，可以继续执行以后的动作。

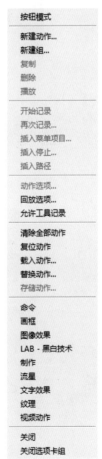

○ **温馨提示：**

当动作前面的切换对话开关图标显示为红色，则表示该动作中有部分命令设置了暂停。

- 新建动作组：创建用于存放动作的组。
- 播放选定的动作：单击此按钮可以执行对应的动作命令。
- 开始记录：录制动作的创建过程。
- 停止播放/记录：单击完成记录过程。

○ **温馨提示：**

"停止播放/记录"按钮只有在开始录制后才会被激活。

- 弹出菜单：单击此按钮，打开"动作"面板对应的命令菜单，如图3-39所示。
- 动作组：存放多个动作的文件夹。
- 记录的动作：包含一系列命令的集合。
- 新建动作：单击该按钮会创建一个新动作。
- 删除：可以将当前动作删除。
- 按钮模式：选择命令直接单击即可执行。

○ **技巧：**

在"动作"面板中，有些鼠标移动是不能被记录的。例如它不能记录使用画笔或铅笔工具等描绘的动作。但是"动作"面板可以记录文字工具输入的内容、形状工具绘制的图形和油漆桶进行的填充等过程。

图3-39 弹出菜单

3.3.2 创建动作

在"动作"面板中可以执行定义一些动作到面板中以备后用，创建方法如下。

操作步骤：

1️⃣ 执行菜单栏中的"文件"｜"打开"命令或按Ctrl+O键，打开配备的"素材\第03章\钓鱼.jpg"素材文件，如图3-40所示。

2️⃣ 执行菜单栏中的"窗口"｜"动作"命令，打开"动作"面板，单击"新建动作"按钮 🔲 ❶，打开"新建动作"对话框，设置"名称"为"描边" ❷，颜色为"蓝色" ❸，如图3-41所示。

图3-40 素材

图3-41 "新建动作"对话框

3️⃣ 设置完毕后，单击"记录"按钮，按Ctrl+J键得到一个图层1 ❹，如图3-42所示。

4️⃣ 执行菜单栏中的"图层"｜"图层样式"｜"描边"命令，打开"图层样式"对话框，勾选"描边"复选框，进行其中的参数设置 ❺，如图3-43所示。

图3-42 动作面板

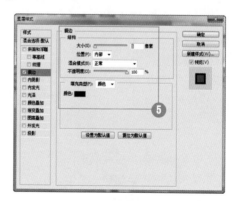

图3-43 "描边"复选框

5️⃣ 在"图层样式"对话框的左侧勾选"内发光"复选框 ❻，进行其中的参数设置 ❼，如图3-44所示。

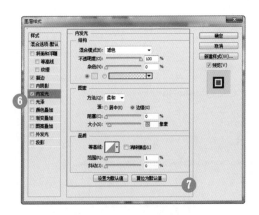

图3-44 "内发光"复选框

⑥ 设置完毕后单击"确定"按钮，将文档存储为JPEG格式，再单击"停止播放/记录"按钮 ■
⑧，此时即可完成动作的创建，效果如图3-45所示。

⑦ 此时在"动作"面板中就可以看见创建的"描边"动作⑨，转换到"按钮模式"会发现"描
边"动作以蓝色按钮形式出现在面板中⑩，如图3-46所示。

图3-45 添加描边后

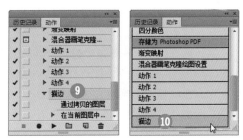

图3-46 "动作"面板

3.3.3 批处理

执行菜单栏中的"文件"|"自动"|"批处理"命令，弹出"批处理"对话框，如图3-47所
示。在"批处理"对话框中可以根据选择的动作将"源"部分文件夹中的图像应用指定的动作，
并将应用动作后的所有图像都存放到"目标"部分文件夹中。

图3-47　"批处理"对话框

其中的各项含义如下。

● 播放：用来设置播放的动作组和动作。

● 源：设置要进行批处理的源文件。

◇ 源：可以在下拉列表中选择需要进行批处理的选项，包括文件夹、导入、打开的文件和Bridge。

◇ 选择：用来选择需要进行批处理的文件夹。

◇ 覆盖动作中的"打开"命令：在进行批处理时会忽略动作中的"打开"命令。但是在动作中必须包含一个"打开"命令，否则源文件将不会打开。勾选该复选框后，会弹出如图3-48所示的警告对话框。

图3-48　警告对话框

◇ 包含所有子文件夹：在执行"批处理"命令时，会自动对应用于选取文件夹中的子文件夹中的所有图像。

◇ 禁止显示文件打开选项对话框：在执行"批处理"命令时，不打开文件选项对话框。

◇ 禁止颜色配置文件警告：在执行"批处理"命令时，可以阻止颜色配置信息的显示。

● 目标：设置将批处理后的源文件存储的位置。

◇ 目标：可以在下拉列表中选择批处理后文件的保存位置选项，包括无、存储并关闭和文件夹。

◇ 选择：在"目标"选项中选择"文件夹"后，会激活该按钮，主要用来设置批处理后文件保存的文件夹。

◇ 覆盖动作中的"存储"命令：如果动作中包含"存储为"命令，勾选该复选框后，在进行批处理时，动作的"存储为"命令将引用批处理的文件，而不是动作中指定的文件名和位置。勾选该复选框后，会弹出如图3-49所示的警告对话框。

图3-49 警告对话框

● 文件命名：在"目标"下拉列表中选择"文件夹"后可以在"文件命名"选项区域中的六个选项中设置文件的命名规范，还可以在其他的选项中指定文件的兼容性，包括Windows、Mac OS和Unix。

● 错误选项：用来设置出现错误时的处理方法。

◇ 由于错误而停止：出现错误时会弹出提示信息，并暂时停止操作。

◇ 将错误记录到文件：在出现错误时不会停止批处理的运行，但是系统会记录操作中出现的错误信息，单击下面的"存储为"按钮，可以选择错误信息存储的位置。

3.3.4 通过批处理对整个文件夹中的文件应用"描边"滤镜

本练习主要让大家了解"批处理"命令的使用方法。本练习中使用之前创建的"描边"动作。

操作步骤：

❶ 执行菜单栏中的"文件"|"自动"|"批处理"命令，打开"批处理"对话框，在"播放"部分，选择之前创建的"描边"动作❶，在"源"下拉列表中选择"文件夹"❷，单击"选择"按钮❸，在弹出的"浏览文件夹"对话框中选择"商品图"文件夹❹，单击"确定"按钮❺，如图3-50所示。

❷ 在"目标"下拉列表中选择"文件夹"❶，单击"选择"按钮❷，在弹出的"浏览文件夹"对话框中选"描边后"文件夹❸，单击"确定"按钮❹，如图3-51所示。

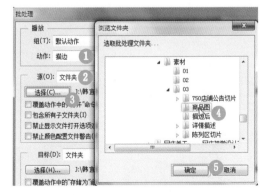

图3-50 设置源文件

图3-51 设置目标文件

❸ 全部设置完毕后，单击"批处理"对话框中的"确定"按钮，即可将"海报"中的文件执行
"拼贴"滤镜并保存到"拼贴后"文件夹中，如图3-52所示。

图3-52　应用批处理后

3.4　制作动态公告模板

　　装修时的公告模板分为静态和动态两种。本节以户外的店铺作为装修对象，以宽度为750像素
的动态公告模板的制作为例进行讲解。

操作步骤：

❶ 打开前面创建的"750店铺公告模板制作_01"切片，执行菜单栏中的"窗口"|"时间轴"
命令，打开"时间轴"面板，如图3-53所示。

图3-53　时间轴

❷ 在"图层"面板中使用 （椭圆工具），绘制四个蓝色正圆，如图3-54所示。

❸ 将四个正圆一同选取，设置"不透明度"为40%，效果如图3-55所示。

图3-54　绘制蓝色正圆 　　　　　　　　　　　　图3-55　设置不透明度

❹ 在"时间轴"面板中单击"复制当前帧"按钮 ，得到一个第二帧，如图3-56所示。

图3-56　创建帧

❺ 选择第二帧，在"图层"面板中将椭圆1及其副本都隐藏，如图3-57所示。

图3-57　隐藏

❻ 在"时间轴"中将"选择延迟帧时间"设置为0.2，"选择循环选项"设置为"永远"，如图3-58所示。

图3-58　设置

❼ 此时动画制作完毕，执行菜单"文件"|"存储为Web所用格式"命令，打开"存储为Web所用格式"对话框，设置参数如图3-59所示。

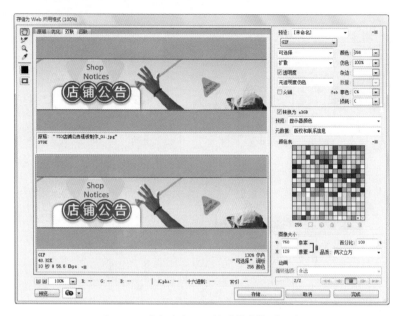

图3-59 "存储为Web所用格式"对话框

❽ 设置完毕后单击"存储"按钮，弹出"将优化结果存储为"对话框，选择存储路径，设置名称，如图3-60所示。

图3-60 "将优化结果存储为"对话框

❾ 设置完毕后单击"保存"按钮，此时"公告动态模板"制作完毕，预览效果如图3-61所示。

图3-61 预览效果

技巧:

在制作公告内容时,在Dreamweaver中,除了通过切片拼贴的方法将切片放置到创建的表格中,放文字的切片区域使用背景插入的方法,还可以直接将整个公告图片以背景的方式插入,再在背景上编辑表格并插入相应的文字。

第 4 章

网店装修中Dreamweaver的应用

| 本章重点 |

▶ Dreamweaver 软件概述

▶ 创建表格

▶ 插入店铺图像切片

▶ 创建图片的热区

▶ 选择设计内容的代码

从 Dreamweaver 出现的那天起,它就在悄悄地改变许多人设计网站的习惯。一些原本需要耗费多时,且需要编写程序的互动功能,现在只要利用简单的设计步骤,就可以轻松完成。随着软件设计技术的不断进步,Dreamweaver 每次改版都能带给网页设计师许多好用的工具与功能,也正因为如此,该软件才能在网站设计领域独领风骚、一枝独秀。

根据 Dreamweaver 在网页设计方面的优点,我们会用 Dreamweaver 结合图片空间将设计的内容转换为代码,之后再在淘宝后台将代码粘贴,用来完成店铺的一些高级功能。本章向大家讲解 Dreamweaver CC 在网店运营中的一些常用知识。

4.1 Dreamweaver 软件概述

Dreamweaver 是网页设计中不可替代的一个软件,在网店运营中起着非常关键的作用。

4.1.1 Dreamweaver简介

Dreamweaver CC 是一款由 Adobe 公司大力开发的专业 HTML 编辑器,用于对 Web 站点、Web 页面和 Web 应用程序进行设计、编码和开发。利用 Dreamweaver 中的可视化编辑功能,用户可以快速创建页面而无须编写任何代码。

Dreamweaver CC 在增强面向专业人士的基本工具和可视技术的同时,还为网页设计用户提供了功能强大的、开放的和基于标准的开发模式。正因为如此,Dreamweaver CC 的出现巩固了 Dreamweaver 长期占据网页设计专业开发领域行业标准级解决方案的领先地位。Dreamweaver CC 的启动界面,如图 4-1 所示。

图4-1 启动界面

4.1.2 Dreamweaver工作界面

Dreamweaver 提供从网页规划、设计到管理的全方位功能,兼顾设计与程序开发,是制作网页时的不二之选。它提供"所见即所得"的可视化环境,在设计阶段即能准确掌握呈现效果。该

软件的强大设计功能，让网页设计人员能轻易摆脱 HTML 原始码的限制，以较少的时间制作出具有专业水平的站点。执行菜单"开始"|"Adobe Dreamweaver CC"命令，即可开启 Dreamweaver 程序。其软件程序界面如图 4-2 所示。

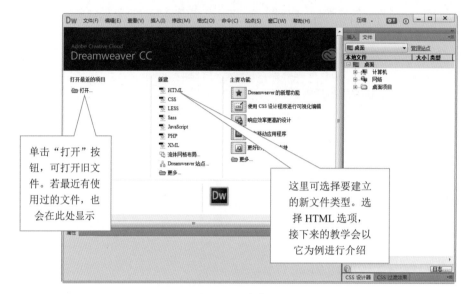

图4-2　程序界面

在"新建"选项组中选择 HTML 选项，建立第一个 HTML 文件后，就会进入Dreamweaver的工作界面，如图4-3所示。在开始操作软件之前，让我们先熟悉一下工作环境。

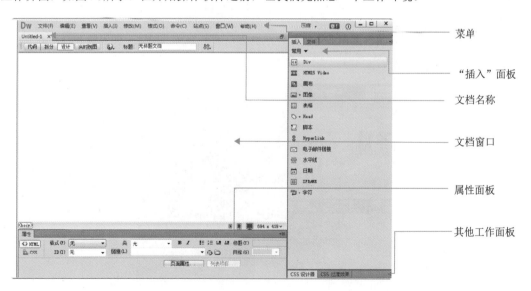

图4-3　工作界面

工作界面中的各项含义如下。

● 菜单：放置 Dreamweaver 各项编辑命令的区域，其中许多功能命令可以通过鼠标右键所显示的快捷菜单来执行。

● "插入"面板："插入"面板用来插入各式各样的网页组件，面板上的每一个图标都代表

着一种元素，只要单击面板中的功能图标，即可将相关组件放置到网页上。至于"插入"面板的开启及隐藏，可由"窗口"|"插入"命令来切换。

● 文档窗口：文档窗口是网页内容的编辑区域，设计出来的网页画面与实际浏览时所呈现的效果几乎一模一样。

技巧：

在默认状态下，Dreamweaver 会在文档名称下方显示"文档工具栏"，内含"代码""拆分""设计""实时视图""标题"及"文件管理"等工具按钮。另外，Dreamweaver 还提供了标准工具栏，包括"新建""开启""存储文件""全部存储""剪切""复制""贴上""还原"及"重做"等快速工具，如要显示标准工具栏，可执行菜单栏中的"查看"|"工具栏"|"标准"命令，如图 4-4 所示。

图4-4 文档窗口

● 属性面板：属性面板可对页面中的各种元素进行调整及编辑。当您在页面上点选不同的网页元素时，属性面板也会对应显示不同的属性。执行菜单"窗口"|"属性"命令可决定是否显示"属性面板"。

● 其他工作面板：其他工作面板则是放置各种类别的辅助编辑面板，画面上所看到的"CSS设计器""CSS 过渡效果"和"文件"等面板，都是 Dreamweaver 预设启动的工作面板。

4.1.3 Dreamweaver的面板操作

除了"插入"面板外，Dreamweaver 中的各个面板也是设计网页时的重要工具，因此先熟悉Dreamweaver 的面板操作，才能在编辑网页时得心应手。

1.面板的显示与隐藏

Dreamweaver CC 版本已经对面板做了很大的精简，当前只将常用的面板显示出来，而所有的面板可经由"窗口"菜单来开启或隐藏。单击"窗口"菜单时，即可在下方的清单中选取想要开启的面板名称。如果面板名称之前出现 √ 图标，就表示该面板当前是开启状态，如图 4-5 所示。

一个群组里可能会同时包含两个面板，您可利用"标签"进行切换。图 4-6 所示为当前群组中包含了"插入"和"文件"两个面板。

图4-5 显示与隐藏面板

图4-6 标签

2.展开与折叠面板

为了加大编辑画面的空间，我们可以适时地对面板进行折叠。单击面板右上角的 ▶▶ 和 ◀◀ 按钮，即可对面板进行展开或折叠，如图4-7所示。

3.调整面板大小

用户可以通过面板与工作区之间的分隔线来调整面板的高度和宽度。当鼠标变成双箭头符号时，用鼠标拖曳框线，即可调整面板的宽度；当鼠标变成双箭头符号时，拖曳面板间的框线，即可调整面板的高度，如图4-8所示。

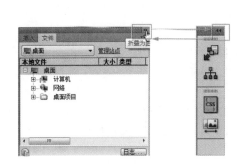

图4-7 展开与折叠面板

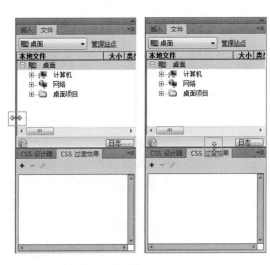

图4-8 调整面板大小

4.使用面板菜单

单击面板右上角的 ▼≡ 按钮会出现下拉菜单，不同的面板有其专属的菜单内容，如图4-9所示。

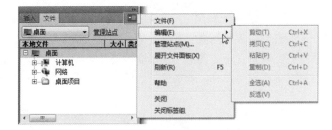

图4-9 使用面板菜单

5.新建工作区

在 Dreamweaver CC 软件中，工作区已做了变动，当前清单中提供了"精简"与"展开"两种版面配置，我们可以根据个人的喜好来自定义新的工作区。请先调整好适合自己工作习惯的面板位置，再执行窗口上方"压缩"下拉菜单中的"新建工作区"命令，就可以在弹出的"新建工作区"对话框中输入新建的工作区名称，如图4-10所示。

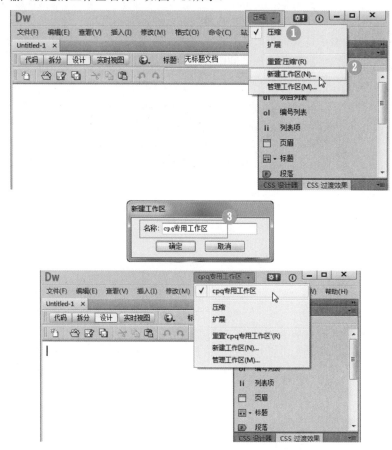

图4-10 新建工作区

6."插入"面板的类别切换

"插入"面板是编写网页时最常使用到的面板，由于可以插入的元素类别相当多，因此这里说明一下，只要单击"插入"标签中的名称按钮，在弹出的下拉菜单中选择不同的类型名称后，在"插入"面板中就会显示替换后的类别，如图4-11所示。

图4-11 类别切换

4.2 创建表格

表格在页面内容的编排上是一个相当重要的工具，因为网页设计并不像美工软件一样，可以自由地调整文字在页面上的位置，所以早期的网页设计者，都会运用表格来编排页面上的图文位置。如今虽然 CSS 样式对排版问题提出了解决方法，不过对于具有规则性的数据而言，表格还是最好的选择。表格是一种由水平及垂直所交叉汇编而成的方格，适用于放置具有条理性及结构性的数据内容，垂直的排列称为"行"，水平的排列称为"列"，最外围的青色框线称为表格的"边框"，单元格内容和单元格外框的距离称为"边距"，表格中的每一个方格称为"单元格"，两个单元格之间的距离称为"间距"，如图 4-12 所示。

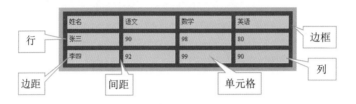

图4-12　表格

4.2.1　表格的制作

Dreamweaver 提供多样化的表格创建方式，这里先从基本的表格开始介绍。

操作步骤：

❶ 插入表格可以通过菜单命令来创建，执行菜单栏中的"插入"｜"表格"命令或按 Ctrl+Alt+T 组合键，如图4-13所示。

❷ 在"插入"面板中也可以通过选择"常用"标签中的"表格"命令来创建表格，如图4-14所示。

图4-13　插入菜单

图4-14　"插入"面板

❸ 在弹出的"表格"对话框中可以设置表格的行数和列数，以及标题和辅助功能，如图4-15所示。

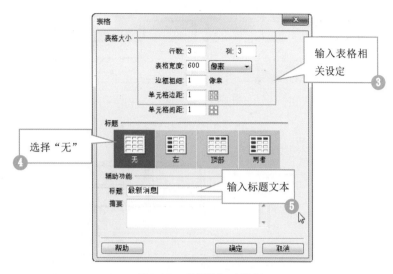

图4-15 "表格"对话框

④ 设置完成后，单击"确定"按钮，此时在文档窗口中会新建一个"宽度"为 600 像素的 3 行 3 列表格，如图4-16所示。

图4-16 插入表格

技巧：

Dreamweaver 中的表格也可以通过"导入" | "Excel 文档"命令将 Excel 中创建的表格导入到 Dreamweaver 中。

4.2.2 表格的基本编辑

在 Dreamweaver 中进行表格编辑既直接又便利，它就像在办公软件中编辑一样简单。本小节将针对表格和单元格的编辑技巧作简要说明，让您制作出来的表格能够符合需求。

1.单元格选取技巧

设置文字格式时要选取文字范围，要编辑表格数据，当然也要选取正确的表格范围。以单元格范围的选取来说，分为"连续"与"不连续"两种，且必须借助键盘上的 Shift 键和 Ctrl 键配合。先选择第 1 个单元格，按住 Ctrl 键后再选择其他单元格，即可进行不连续单元格的选取，如图 4-17 所示。先选择第 1 个单元格，按住 Shift 键后，再选择其他单元格，即可进行连续单元格的选取，如图 4-18 所示。

图4-17　选择不连续单元格

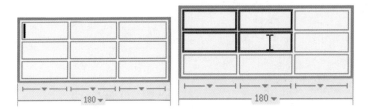

图4-18　选择连续单元格

技巧：

　　将光标放置在列的顶端，单击后可以将整列选取，如图 4-19 所示；将光标放置在行的左端，单击后可以将整行选取，如图 4-20 所示；将光标移动到表格的左上角处单击边框，可以将整个表格选取，如图 4-21 所示。

图4-19　选择整列　　　　　图4-20　选择整行　　　　　图4-21　选择整个表格

2.重设表格的行列数

　　Dreamweaver 可以在不影响表格宽度的情况下调整表格中的行数，至于表格的高度则会因为行数的多少而随之变动。例如，在选择整个表格后，在"属性"面板中将"列"变为 4、"行"变为 4，效果如图 4-22 所示。

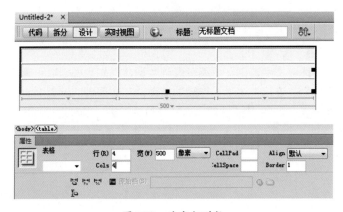

图4-22　改变行列数

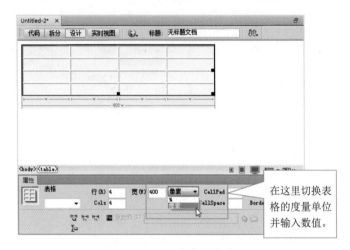

图4-22 改变行列数（续）

3.调整表格宽度

表格的宽度和水平线一样有相对大小（%）及绝对大小（像素）两种设置，两者均可通过"属性"面板来设置。选择表格后，在"属性"面板中可以重新设置表格宽度，如图4-23所示。

在这里切换表格的度量单位并输入数值。

图4-23 调整表格宽度

4.调整边距、间距及边框

边距、间距及边框等距离是属于表格的整体设置，因此设置前要先选取整个表格，然后在"属性"面板中设置边距、间距及边框的数值即可，如图4-24所示。

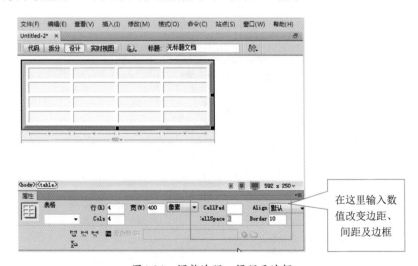

在这里输入数值改变边距、间距及边框

图4-24 调整边距、间距及边框

5.行列的插入/删除

随着数据的增减，表格中的行数与列数也要适时地插入及删除。要插入行列，利用右键快捷菜单即可快速地选择要插入、删除或合并的设置，如图4-25所示。

图4-25　设置

温馨提示：

如果想要删除整行或整列，请先选取整行或整列，然后再按 Delete 键即可将其删除，利用相同的方式可删除整个表格。

6.调整行宽/行高

利用鼠标直接拖曳表格框线可自由地调整列宽、行高及表格宽度，如图 4-26 所示。若要使用数值设置的话，只要在"属性"面板中设置即可，如图4-27所示。

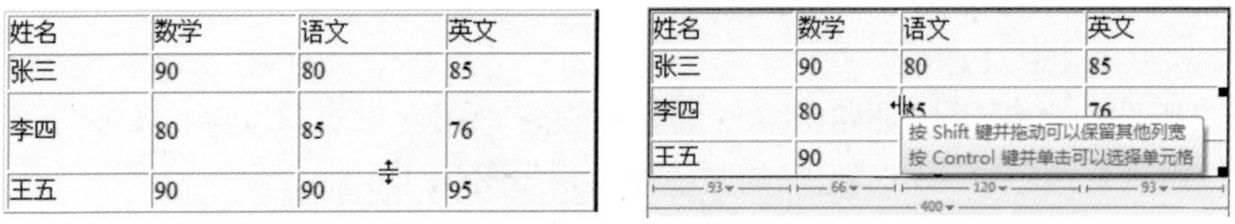

姓名	数学	语文	英文
张三	90	80	85
李四	80	85	76
王五	90	90	95

图4-26　手动调整

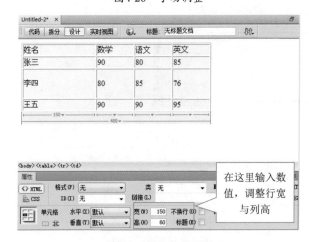

图4-27　固定数值调整

温馨提示：

在进行列宽调整时，表格的整体宽度是不会改变的。

7.单元格的拆分/合并

当表格比较复杂时，必须对单元格进行拆分或合并的处理，要想拆分或合并，可利用"属性"面板来设置，选择多个表格后，在"属性"面板中单击"合并单元格"按钮即可合并选择的单元格，如图4-28所示。

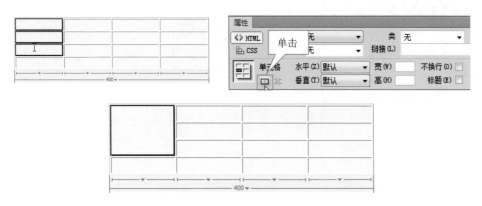

图4-28　合并单元格

Dreamweaver拆分单元格的效果和一般文本软件中的结果不同，它无法在表格中产生"奇数行"与"偶数行"同时并存的情况，遇到这种状况时，Dreamweaver 会以"拆分单元格"的方式来处理，如图4-29所示。

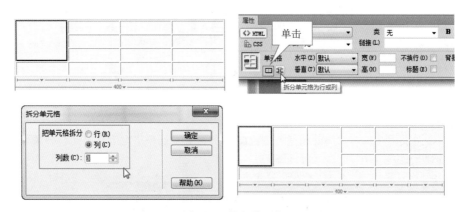

图4-29　拆分单元格

8.嵌套表格

当对单元格进行拆分却不能完成复杂的表格时，可以在此单元格中再次插入表格，具体的插入方式与直接创建表格类似，选择单元格后，执行菜单栏中的"插入"｜"表格"命令或按Ctrl+Alt+T 组合键，在弹出的"表格"对话框中设置表格的行数和列数，以及设置标题和辅助功能，如图4-30所示。设置完成后，单击"确定"按钮，效果如图4-31所示。

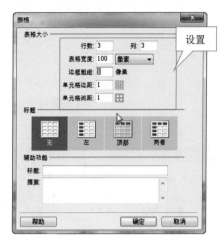

图4-30　设置嵌套表格

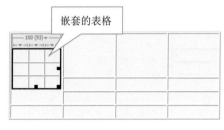

图4-31　嵌套的表格

9.清除表格的宽度/高度

"清除表格的宽度与高度"功能可用来将固定大小的表格恢复默认值，让列宽与行高和单元格的内容大小刚好吻合。例如，插入的图片比单元格稍小一点，此时就需要对表格进行清除宽度和高度。

操作步骤：

❶ 选择整个表格，如图4-32所示。

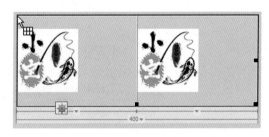

图4-32　选择表格

❷ 在"属性"面板中单击"清除列宽"按钮，此时会发现表格宽度会自动与图像相吻合，如图4-33所示。

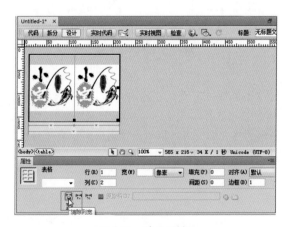

图4-33　清除列宽

❸ 在"属性"面板中单击"清除行高"按钮 🔳，此时会发现表格高度会自动与图像相吻合，如图4-34所示。

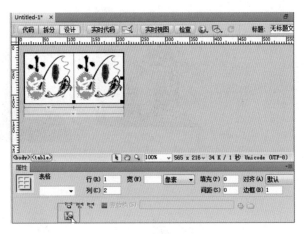

图4-34　清除行高

10.单元格的其他设置

当设置单元格的属性时，属性面板中还提供了几项特别的设置项目，在此一并进行说明，如图4-35所示。

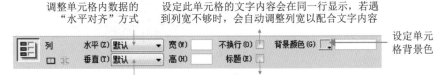

调整单元格内数据的"水平对齐"方式　　设定此单元格的文字内容会在同一行显示，若遇到列宽不够时，会自动调整列宽以配合文字内容　　设定单元格背景色

调整单元格内数据的"垂直对齐"方式　　勾选启用标题的复选框，其文字内容会变为粗体及置中对齐

图4-35　单元格的其他设置

4.3　插入店铺图像切片

Dreamweaver 中有多种方式可让大家在页面中放入精美的图片，本节重点讲解表格的创建以及图片的加入，其中还包括背景图像的使用技巧以及鼠标经过图像的功能。

4.3.1　创建图像以及表格

创建切片需要在Photoshop中进行，表格创建需要在Dreamweaver中完成。

操作步骤：

❶ 使用Photoshop软件打开本书配备的"素材\第4章\图像陈列设计与制作.psd"素材文件，在"图层"面板中选择"组1"中的四个图层，如图4-36所示。

❷ 执行菜单栏中的"图层"｜"新建基于图层的切片"命令，为图像创建切片，如图4-37所示。

图4-36　打开素材并选择图层

图4-37　创建切片

❸ 执行菜单栏中的"文件"｜"存储为Web所用格式"命令，打开"存储为Web所用格式"对话框，其中的参数设置如图4-38所示。

图4-38　"存储为Web所用格式"对话框

④ 设置完毕后单击"存储"按钮，打开"将优化结果存储为"对话框，如图4-39所示。

图4-39 "将优化结果存储为"对话框

⑤ 单击"保存"按钮，将切片导出，再次返回到Photoshop中，将"色相/饱和度"调整图层前面的小眼睛显示出来，如图4-40所示。

图4-40 显示图层

⑥ 执行菜单栏中的"文件"｜"存储为Web所用格式"命令，打开"存储为Web所用格式"对话框，将切片01、切片03、切片05、切片09选取，其他的参数设置如图4-41所示。

⑦ 设置完毕后单击"存储"按钮，打开"将优化结果存储为"对话框，如图4-42所示。

图4-41 "存储为Web所用格式"对话框

图4-42 "将优化结果存储为"对话框

⑧ 单击"保存"按钮，此时在存储的文件夹中可以看到存储的切片，如图4-43所示。

⑨ 打开Dreamweaver软件，执行菜单栏中的"插入"|"表格"命令或按Ctrl+Alt+T组合键，在打开的"表格"对话框中设置表格的行数和列数，以及设置标题和辅助功能，如图4-44所示。

⑩ 设置完毕单击"确定"按钮，插入的表格如图4-45所示。

图4-43 存储的切片

图4-44 "表格"对话框

图4-45 插入的表格

⑪ 根据Photoshop中的图像和切片调整表格的"高度"与"宽度",如图4-46所示。

图4-46 调整表格的"高度"与"宽度"

⑫ 在1行1列中插入"宽度"为375像素的2行1列表格，根据切片调整上面的行高为368像素、下面的行高为32像素，如图4-47所示。

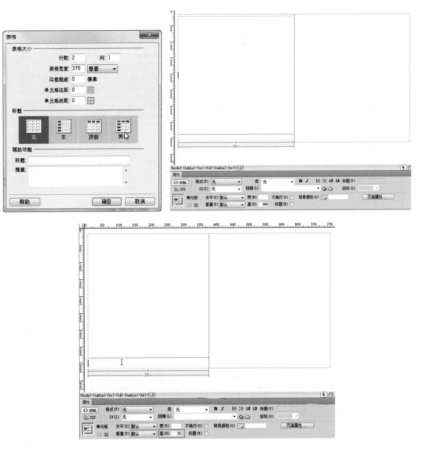

图4-47　调整表格高度

⑬ 在插入的表格中再次插入"宽度"为375像素的1行2列表格，根据切片调整高度为368像素、左边宽度为196像素、右边宽度为179像素，如图4-48所示。

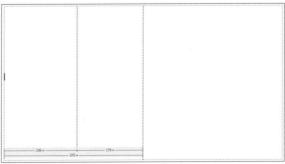

图4-48　调整表格高度

⑭ 再嵌套一个"宽度"为196像素的2行1列表格，设置高度分别为196像素和172像素，如图4-49所示。

图4-49 嵌套表格调整表格高度

⑮ 使用同样的方法在右侧嵌套表格，如图4-50所示。

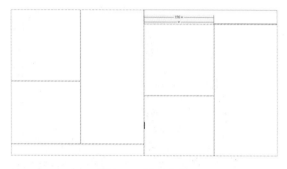

图4-50 嵌套表格

4.3.2 插入图像

在 Dreamweaver 软件中插入图像。

操作步骤：

❶ 将光标移到第一个表格中，执行菜单栏中的"插入"|"图像"命令，打开"选择图像源文件"对话框，选择本书配备的"素材\第4章\图像陈列设计与制切片\images\图像陈列设计与制作1_01.gif"文件，如图4-51所示。

图4-51 选择图像

② 单击"确定"按钮，此时会将选择的图像插入到文档中，如图4-52所示。

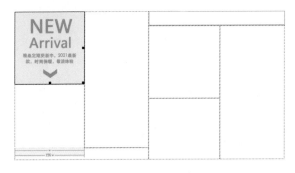

图4-52 插入图像

③ 根据Photoshop中的图像位置，分别在另外的表格中插入图像，效果如图4-53所示。

图4-53 插入图像后的效果

🐟 技巧：

插入图像后选择图像，此时在"属性"面板中可以通过"编辑"区域的编辑功能对图像进行编辑，如锐化、亮度和对比度、裁剪等，如图 4-54所示。

图4-54 编辑图像

4.3.3 插入鼠标经过图像

在Dreamweaver软件中插入图像还可以通过鼠标经过时改变为另一张图像。

操作步骤：

① 将刚才在表格中插入的带文字区域的图像全部删除，选择最左上角的单元格，如图4-55所示。

图4-55 删除图像

2 执行菜单栏中的"插入"|"图像对象"|"鼠标经过图像"命令，打开"插入鼠标经过图像"对话框，如图4-56所示。

图4-56 "插入鼠标经过图像"对话框

3 单击"原始图像"后面的"浏览"按钮，打开"原始图像"对话框，选择切片对应的图片，如图4-57所示。

图4-57 选择切片对应的图像

4 单击"确定"按钮后，再单击"鼠标经过图像"后的"浏览"按钮，打开"鼠标经过图像"对话框，选择切片对应的图片，如图4-58所示。

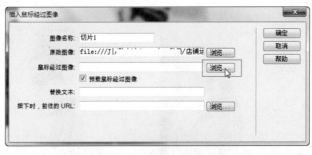

图4-58　选择插入的图像

❺ 单击"确定"按钮后，完成鼠标经过的插入，如图4-59所示。

图4-59　"插入鼠标经过图像"对话框

❻ 单击"确定"按钮后，效果如图4-60所示。

图4-60　插入的图像效果

❼ 使用同样的方法将其他鼠标经过图像进行插入，效果如图4-61所示。

图4-61 插入的图像效果

❽ 单击"实时预览"按钮，将鼠标移动到图像上时，会改变为另一张图像，效果如图4-62所示。

图4-62 鼠标经过时变为另一张图像

🅚 技巧：

　　如果觉得在Dreamweaver中根据切片创建表格的方法比较麻烦，可以通过"将优化结果存储为"对话框设置"格式"为HTML和图像，如图4-63所示。然后在Dreamweaver中将HTML直接打开，对鼠标经过的图像进行替换即可。

图4-63　鼠标经过

4.3.4　以背景方式插入图像

在 Dreamweaver 中插入的图像不但可以直接插入，还可以以背景的形式插入，此时图像就相当于单元格中的背景，在单元格中还可以再次插入图像和文本。

操作步骤：

❶ 在Dreamweaver中插入一个1行1列，"宽度"为750像素的表格，设置表格的高度为400像素，如图4-64所示。

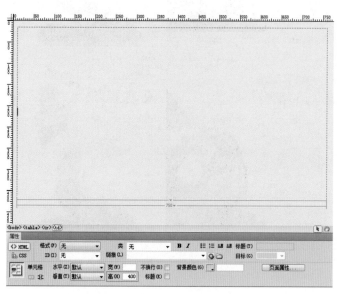

图4-64　插入表格

❷ 将光标在表格中单击进行选择，单击"拆分"按钮，此时可以看到设计区和代码区，如图4-65所示。

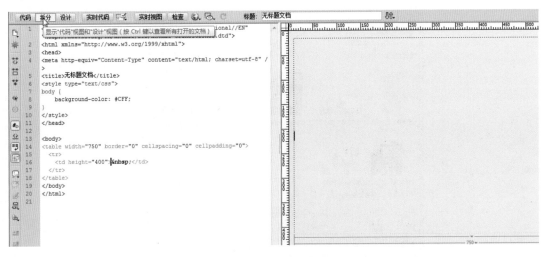

图4-65 单击"拆分"按钮

❸ 在代码区单元格td后面单击鼠标，之后按Enter键，在弹出的提示菜单中选择background，
如图4-66所示。

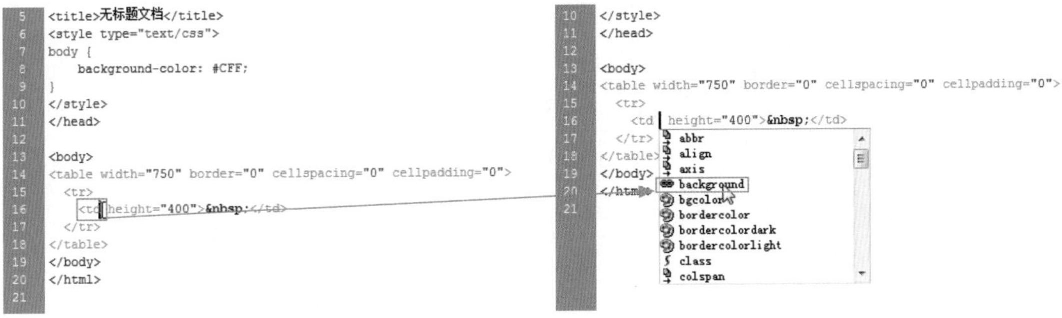

图4-66 选择

❹ 双击background后，弹出链接"浏览"按钮，如图4-67所示。

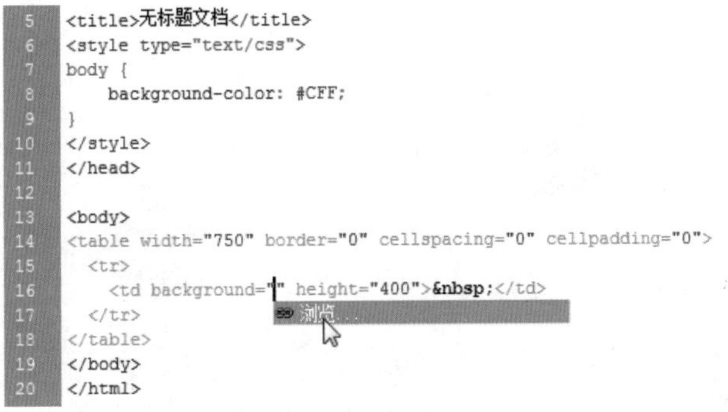

图4-67 选择

❺ 单击"浏览"按钮后，弹出"选择文件"对话框，如图4-68所示。

图4-68 "选择文件"对话框

❻ 选择图像后单击"确定"按钮，此时代码区域会显示背景图片地址，如图4-69所示。

```
1   <!DOCTYPE html PUBLIC "-//W3C//DTD XHTML 1.0 Transitional//EN"
    "http://www.w3.org/TR/xhtml1/DTD/xhtml1-transitional.dtd">
2   <html xmlns="http://www.w3.org/1999/xhtml">
3   <head>
4   <meta http-equiv="Content-Type" content="text/html; charset=utf-8" />
5   <title>无标题文档</title>
6   <style type="text/css">
7   body {
8       background-color: #CFF;
9   }
10  </style>
11  </head>
12
13  <body>
14  <table width="750" border="0" cellspacing="0" cellpadding="0">
15    <tr>
16      <td background="file:///J|/                        /images/750店铺公告模
    板制作.jpg" height="400"> </td>
17    </tr>
18  </table>
19  </body>
20  </html>
```

图4-69 代码

❼ 返回"设计"区域，我们会看到在表格内出现了背景图片，在插入背景的区域，单击将光标固定在此单元格上，此时就可以在图片上输入文字了，如图4-70所示。

图4-70 背景图

4.4 创建图片的热区

Dreamweaver 中不但可以为插入的图像创建外部链接，还可以通过创建热区的方式为图像局部创建外部链接。

4.4.1 创建规则热区

在 Dreamweaver 中可将为图片创建的规则热区分为矩形热区和圆形热区。

操作步骤：

❶ 在Dreamweaver中新建文档后直接插入一张图片，如图4-71所示。

图4-71 插入图像

❷ 在默认情况下直接选择图片，然后在属性栏中单击☐（矩形热区工具）按钮，如图4-72所示。

图4-72 选择矩形热区工具

❸ 在插入的图像上选择起点后，使用鼠标拖曳，此时就会出现一个矩形，如图4-73所示。

图4-73　创建矩形热区

④ 热区创建完成后，即可在"属性"面板中的"链接"文本框中直接输入网页的地址，如果是要跳转到店铺页面，只需将淘宝店铺中宝贝的地址粘贴到此处即可，如图4-74所示。

图4-74　为热区创建链接

⑤ 按 F12 键后，在浏览器中直接单击热区，即可跳转到对应的淘宝店铺中，如图4-75所示。

图4-75　热区链接

图4-75 热区链接（续）

技巧：

椭圆形热区工具的使用方法与矩形热区工具相同，通过拖曳就可以创建，再输入链接即可，如图4-76所示。

图4-76 椭圆形热区创建

4.4.2 创建不规则热区

在 Dreamweaver 中可以通过 ▽ （多边形热区工具）创建不规则多边形热区。

操作步骤：

❶ 新建一个文档插入一张图片，在"属性栏"中单击▽（多边形热区工具）按钮之后，在图像的不同位置上单击，即可将两点以直线的形式连接，如图4-77所示。

图4-77　创建热区

❷ 可以按照图像中的形状进行热区的创建，如图4-78所示。

图4-78　创建不规则形状热区

❸ 热区创建完成后，就可以在属性栏的"链接"文本框中直接输入网页的地址或店铺地址，按
F12 键后，在浏览器中直接单击热区，即可跳转到对应的淘宝店铺中。

4.5 选择设计内容的代码

在 Dreamweaver 中，通过设计区域制作效果后，可以直接选取设计对应的代码，方法是，在
工作窗口上面直接单击"代码"按钮，此时就可以看到设计页面的全部代码，按 Ctrl+A 组合键全
选代码，再按 Ctrl+C 组合键复制选择的代码，如图 4-79 所示。代码选取后只要在淘宝后台的自定
义区域直接按Ctrl+V组合键粘贴，再将图片地址替换为"图片空间/素材中心"中的地址即可。

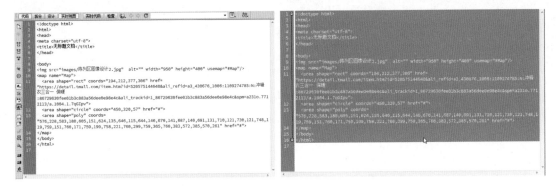

图4-79 选取代码

第 5 章
图片空间素材中心的使用

本章重点

▶ 进入图片空间的素材中心

▶ 编辑素材中心

▶ 复制图片链接

▶ 将链接粘贴到Dreamweaver代码区

图片空间目前主要有以下三大类。

一是淘宝官方的，其稳定性最高、功能最强大、操作最方便，同时经过最新调价，价格也处于较便宜水平，而且只要开店就免费赠送 1G 永久素材中心空间。

二是第三方的，稳定性比淘宝官方稍差，但是完全符合卖家使用需要，目前第三方的淘宝图片空间很多，卖家在选择这类空间时不仅要看价格，还要看服务，售后服务不好，你的图片空间用起来会很痛苦。

三是免费的，以前一直免费的 51 目前不再支持免费用户的外链，只支持VIP 会员的外链，而且限制流量为 40G／月，难以满足钻石以上卖家的需求，其他规模比较小的所谓完全免费相册就更不需要考虑了，不安全、不稳定，何必为了一年几十元的投资，整天提心吊胆地怕自己的商品宝贝描述图片不显示呢？

本章主要讲解淘宝图片空间的使用方法。淘宝图片空间是淘宝网官方提供的图片存储空间，用来存储淘宝商品图片的官方存储空间，能迅速提高页面和宝贝图片的打开速度，从而提高买家点击宝贝数量，进而提高宝贝曝光度，实现销售额增长。

图片空间中的素材中心在网店运营中有承上启下的作用，可以快速地将图片上传到淘宝网，还可以将素材中心中广告图片的链接替换成Dreamweaver 中的图片，然后再将整个代码粘贴到淘宝后台。

淘宝图片空间拥有自己的特色，具体如下。

（1）淘宝官方图片存储空间。

（2）开店即永久享受免费1G图片空间。

（3）高速上传功能，可以非常方便地上传本地图片。

（4）在线一键搬家功能，搬家后宝贝描述中的图片自动替换。

（5）图片空间过期，宝贝图片仍可显示。

（6）原图存储，提供多种尺寸的缩略图。

（7）全国各大城市铺设服务器，宝贝图片就近存放。

（8）多重数据备份，保证灾难性恢复，减少损失。

（9）批量外链，不限流量。

（10）宝贝图片可自动批量添加水印。

◐ 温馨提示：

图片只允许链接到淘宝，其他网站不能链接；图片的使用在店铺中不能超过三个，超过就显示盗链；素材中心的空间大小按购买大小来定，图片的总大小不能超过素材中心的大小；收费的淘宝图片空间到期后不能上传图片。

5.1 进入图片空间的素材中心

淘宝图片空间中的素材中心在网店运营与维护方面起着至关重要的作用，下面就来看看从淘宝后台如何进入"素材中心"。

操作步骤：

① 登录淘宝后，在淘宝首页单击右上角的"卖家中心"命令，如图5-1所示。

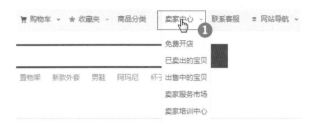

图5-1 淘宝首页

② 进入"卖家中心"后，再执行左侧菜单中"店铺管理"|"图片空间"命令，如图5-2所示。

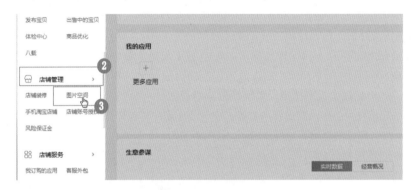

图5-2 执行相关命令

③ 单击"图片空间"选项，系统会直接跳转到"素材中心"界面，如图5-3所示。

图5-3 "素材中心"界面

5.2 编辑素材中心

"素材中心"界面如果不进行编辑，空间中的图片看起来会非常乱，因此需要将当前的空间内容进行编辑，使素材中心工作起来更加方便，例如新建文件夹、上传图片、删除文件夹等操作。

5.2.1 新建文件夹管理图片

在"素材中心"中，如果将所有的图片都上传，那"素材中心"看起来会非常乱，此时只要为不同类别的图片建立文件夹，那么在应用图片时就会非常得心应手。

操作步骤：

❶ 在"素材中心"中单击"图片"标签，在该界面中，单击"新建文件夹"按钮，如图5-4所示。

图5-4 单击"新建文件夹"按钮

🔍 **技巧：**

在"素材中心"中，新建文件夹还可以通过点击左侧的"+"来创建新的文件夹，如图5-5所示。

❷ 单击"新建文件夹"按钮，系统弹出"新建文件夹"对话框，输入新建文件夹的名称，如图5-6所示。

图5-5 创建新的文件夹　　　　　图5-6 "新建文件夹"对话框

❸ 设置完毕后单击"确定"按钮，此时在"素材中心"中会出现新建的文件夹，如图5-7所示。

图5-7　新建的文件夹

❹ 在文件夹名称上单击鼠标，可以更改文件夹的名称，如图5-8所示。

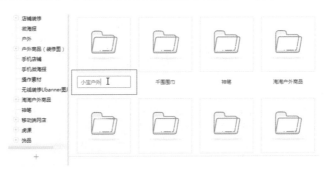

图5-8　更改文件夹的名称

技巧：

"素材中心"中的文件夹名称不能超过20个字符，一个汉字相当于两个字符，选择文件夹后，在上面会弹出工具栏，在工具栏中有"重命名"按钮，如图5-9所示，单击"重命名"按钮也可以给文件夹重新命名。

❺ 双击文件夹，可以进入到文件夹内部，如图5-10所示。

图5-9　工具栏　　　　　　　　　　　　图5-10　进入文件夹内

6 在文件夹中还可以创建子文件夹，效果如图5-11所示。

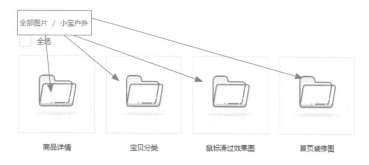

图5-11 新建的子文件夹

5.2.2 删除素材中心中的文件夹

在"图片空间"|"素材中心"中，如果在之前装修店铺时留下了许多文件夹和图片，再对新店铺进行装修时，新建了文件夹，就会在空间中显示多个文件夹，要想操作起来更加方便，就需要将之前的文件夹或图片删除，删除的具体操作如下。

操作步骤：

1 在"图片空间"|"素材中心"中，选择要删除的文件夹，此时在弹出的工具栏中单击"删除"按钮，在下拉菜单中可以看到三个删除命令，如图5-12所示。

图5-12 选择要删除的文件夹

2 分别单击"未引用图片清理""已删除商品图片清理"和"强制删除文件及文件夹"按钮，系统弹出删除文件对话框，如图5-13所示。

图5-13 删除文件对话框

技巧：

在"素材中心"的"未引用图片清理"命令可以将没有在网店中使用的图片直接删除；"已删除商品图片清理"命令可以将网店中不再使用的图片删除；"强制删除文件及文件夹"命令可以将整个文件夹删除，其中引用与未引用的图片都会被删除。

温馨提示：

删除文件夹后，文件夹内的图片会出现在"图片回收站"中，可以存放7天，这7天可以在"图片回收站"中将其还原，如图5-14所示。

	图片	名称	大小	删除时间	原文件夹	是否引用	操作
宝贝图片		儿童羽绒服.jpg	246.47KB	2021-4-13 13:40	全部图片	未引用	还原 彻底删除
店铺装修							
微海报		06-8.jpg	335.73KB	2021-4-13 13:38	宝贝图片	未引用	还原 彻底删除
户外							
户外商品（镜修图）		06-5.jpg	300.91KB	2021-4-13 13:38	宝贝图片	未引用	还原 彻底删除
手机店铺							
手机微海报		06-12.jpg	266.60KB	2021-4-13 13:38	宝贝图片	未引用	还原 彻底删除
操作素材							
无线装修Ubanner图片		06-2-小兔.jpg	397.51KB	2021-4-13 13:38	宝贝图片	未引用	还原 彻底删除
淘淘户外商品							
神笔		06-13.jpg	171.64KB	2021-4-13 13:38	宝贝图片	未引用	还原 彻底删除
移动端网店							
桌裙							
饰品							

＋

🗑 图片回收站

⊙ 图片删除后，将保留7天，超时系统将自动清除。（回收站内图片不占用存储空间）

图5-14　图片回收站

③ 单击"确定"按钮，可以将选择的文件删除，这里我们可以看到选择的"历史操作"文件已经被删除，如图5-15所示。

全部图片

☐ 全选

小宝户外　　千围围巾　　神笔　　淘淘户外商品

图5-15　删除文件后

5.2.3　上传优化好的图片

"图片空间" | "素材中心"是用来存放网店图片的，在图片空间中使用图片非常方便。接下来讲解一下在使用图片之前，需要知道图片是如何上传到"素材中心"中的。

操作步骤：

❶ 在"素材中心"，进入"小宝户外"文件夹内的"首页装修图"中，单击"上传"按钮，如图5-16所示。

图5-16 单击"上传"按钮

❷ 系统弹出"上传图片"对话框，直接单击"上传"按钮，如图5-17所示。

图5-17 "上传图片"对话框

❸ 弹出"打开"对话框，选择需要上传的图片，如图5-18所示。

图5-18 选择图片

❹ 单击"打开"按钮，弹出"上传结果"对话框，可以查看上传进度，如图5-19所示。

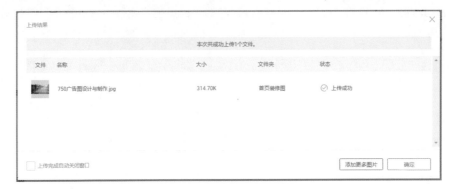

图5-19　上传图片

❗ 注意

◎ 上传到"素材中心"的图片大小要小于3MB。

❺ 上传完毕后，会在"全部图片"/"小宝户外"/"首页装修图"中看到上传的图片，如图5-20所示。

图5-20　上传的图片

👉 技巧：

在"素材中心"中可以一起上传多张图片，这样更加便于操作并节省时间，如图5-21所示。

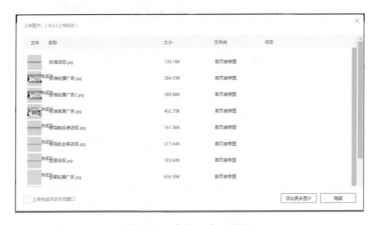

图5-21　多张图片上传后

图5-21　多张图片上传后（续）

5.2.4 图片搬家

在"素材中心"界面中可以通过"移动"按钮将当前图片转移到其他文件夹中。

操作步骤：

❶ 在"素材中心"中选择10张图片，此时在弹出的工具栏中单击"移动到"按钮，如图5-22所示。

图5-22　选择图片后单击"移动到"按钮

❷ 系统弹出"文件夹移动到"对话框，在该对话框中选择要移动到的目的文件夹"鼠标滑过效果图"，如图5-23所示。

图5-23　"文件夹移动到"对话框

❸ 此时在"鼠标滑过效果图"文件夹中可以看到已经搬家的图片，如图5-24所示。

图5-24　搬家后的图片

5.2.5　恢复删除的图片

如果不小心将需要的图片删除，在"素材中心"界面中还可以将7天内误删的图片恢复。

操作步骤：

❶ 在"素材中心"界面中选择一张图片，在弹出的工具栏中单击"删除"按钮，如图5-25所示。

图5-25　单击"删除"按钮

❷ 单击"删除"按钮后，系统弹出删除图片提示对话框，如图5-26所示。

图5-26　删除图片提示对话框

❸ 单击"确定"按钮，会将图片删除，此时只需要单击"素材中心"中的"图片回收站"按钮，如图5-27所示。

图5-27　删除文件后

❹ 进入到"图片回收站"页面，在其中选择刚才被删除的图片，在工具栏中单击"还原"按
钮，如图5-28所示。

图5-28　单击"还原"按钮

❺ 系统会把删除的图片恢复到"素材中心"中，"图片回收站"中将不会再显示该图片，如
图5-29所示。

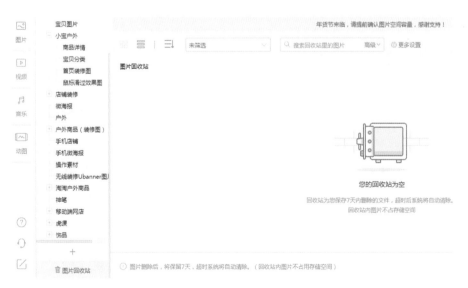

图5-29　还原后

图5-29 还原后（续）

5.2.6 全选图片

在"素材中心"界面的工具栏中勾选"全选"复选框，可以将"素材中心"界面中当前页面的文件夹和图片全部选取，如图5-30所示。

图5-30 "全选"复选框

5.2.7 替换

在"素材中心"界面的工具栏中单击"替换"按钮，可以通过"替换"对话框，将本地图片替换"素材中心"界面中的当前图片。

操作步骤：

❶ 在"素材中心"中选择一张图片后单击"工具栏"中的"替换"按钮，如图5-31所示。

图5-31 单击"替换"按钮

❷ 系统会弹出"打开"对话框，选择替换后的图片，如图5-32所示。

图5-32 选择图片

❸ 单击"打开"按钮后，会弹出如图5-33所示的"替换"对话框。

图5-33 "替换"对话框

❹ 单击"确定"按钮，完成图像的替换，如图5-34所示。

全部图片 / 户外商品（装修图）/ 导航切片

全选

带导航标准店招_07.gif　带导航标准店招.jpg　带导航标准店招_06.gif　带导航标准店招_08.gif　带导航标准店招_05.gif

图5-34 替换后的效果

5.2.8 编辑

在"图片空间"中的工具栏中单击"编辑"选项，图片编辑将获得以下权限。

● 获得您的地理位置信息。

- 游戏后可参与活动抽奖。
- 查询分数，明确游戏排名情况。
- 获得您的设备传感器。
- 读取您的用户名等基本信息。
- 读取您的登录状态信息。
- 创建或更新您的店铺的营销活动。
- 读取或更新您的店铺的商品数据。
- 读取或更新您的店铺的订单、评价、退款等信息。
- 读取或更新您的店铺的会员信息。
- 更新您的店铺设置、店内类目等信息。
- 读取或更新您的店铺的商品运费模板、订单发货等物流相关信息。
- 读取或更新您的店铺的"图片空间"信息。
- 读取您的"阿里旺旺"信息。
- 读取或更新您的"子账号"信息。
- 读取或更新您的"分销业务"信息。
- 允许分享给手机通讯录的好友。

5.2.9 适配手机

在"素材中心"界面的工具栏中选择"适配手机"选项，适配后的图片可能会导致一定的失真，转换后原图不会被删除，如图5-35所示。

图5-35 适配手机

图5-35　适配手机（续）

5.2.10　为图片添加水印

在"素材中心"界面中可以为宝贝图片批量添加文字水印或图片水印。

操作步骤：

❶ 在素材中心中选择"更多设置"命令，在弹出的下拉菜单中选择"水印设置"命令，如图5-36所示。

❷ 单击"水印设置"按钮后，系统弹出"水印设置"对话框，默认会显示"文字水印"标签页，在其中可以设置要添加的水印文字、字体、字号、字体样式、颜色、透明度，如图5-37所示。

图5-36　选择"水印设置"命令

图5-37　"文字水印"标签页

❸ 单击"图片水印"标签，进入设置图片水印区域，再单击"上传图片"按钮，如图5-38所示。

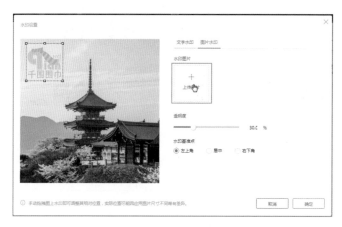

图5-38　单击"上传图片"按钮

4️⃣ 弹出"打开"对话框，在其中选择要作为水印的"小宝户外 店标"，单击"打开"按钮，如图5-39所示。

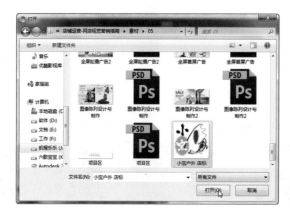

图5-39　选择图片

5️⃣ 此时可以在"图片水印"标签页中，设置水印的基准点、不透明度等，设置完毕后单击"确定"按钮，如图5-40所示。

图5-40　设置参数

6️⃣ 设置完毕后，单击"确定"按钮完成添加水印设置，在上传图片时只需要将"添加水印"复选框选取即可，如图5-41所示。

图5-41 添加水印上传图片

5.3 复制图片链接

　　"素材中心"中的图片，可以通过复制图片链接的方式，将其应用到第三方软件中，替换该软件编辑的图片。例如在 Dreamweaver 中编辑的图片，就可以使用复制图片链接的方式将其替换掉，选择图片后，在图片下面单击 ![图标]（复制链接）按钮，复制成功时会弹出"复制链接成功"字样，如图5-42所示。

图5-42 复制图片链接

![技巧图标] **技巧：**

　　在图片下面除了 ![图标]（复制链接）按钮外，还有 ![图标]（复制图片）按钮和 ![图标]（复制代码）按钮。![图标]（复制图片）可以直接复制图片空间中的图片，再通过"粘贴"命令或按 Ctrl+V 组合键，直接将图片复制到第三方软件或淘宝后台中；![图标]（复制链接）指的是将当前图片的链接地址进行复制，再通过"粘贴"命令将链接地址粘贴；![图标]（复制代码）指的是将当前图片的代码进行复制，再将其粘贴到淘宝的代码区，与整体代码相呼应。

5.4　将链接粘贴到Dreamweaver代码区

复制链接成功后，进入到Dreamweaver的代码区，将图片本身的地址替换成"素材中心"中的图片链接地址，如图5-43所示。

图5-43　替换代码

如果在素材中心中复制代码成功后，进入到Dreamweaver的代码区，需要替换的将是整个图片的代码，如图5-44所示。

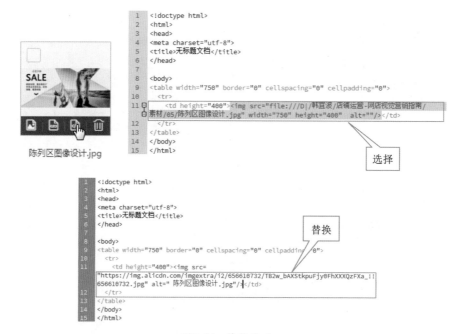

图5-44　替换代码

第 6 章

店铺可装修区域的应用

| 本章重点 |

▶ 改变店铺名称及信息

▶ 应用或更换店标

▶ 统一店铺的配色

▶ 应用与更换店招

▶ 在淘宝中添加自定义页面并将链接替
换到店招中

▶ 轮播图的应用

▶ 自定义广告的应用

▶ 为淘宝自定义内容添加鼠标经过效果

▶ 宝贝分类的使用

▶ 店铺公告模板的使用

▶ 店铺收藏的应用

▶ 客服的应用

▶ 详情页广告的应用

前期美工设计与制作的所有装修元素，只有将其真正添加到淘宝店铺页面中，才能在淘宝中看到最终的装修效果，装修完毕后网店才能正常运营。

6.1 改变店铺名称及信息

改变店铺所售商品后，首先要改变店铺的名称。

操作步骤：

① 登录淘宝账号后，单击"卖家中心"按钮，进入淘宝后台页面，如图6-1所示。

图6-1 进入淘宝后台页面

② 执行"店铺管理"｜"店铺基本设置"命令，进入"店铺基本设置"页面。在"店铺名称"后面的文本框中直接输入要更改的名称，如图6-2所示。

图6-2　更改店铺名称

❸ 再设置"店铺介绍"，设置完毕后，单击页面下方的"保存"按钮，如图6-3所示。

图6-3　更改店铺简介

❹ 此时在后台以及进入该店铺后就能看到已经改过的店名，如图6-4所示。

图6-4　新店名

🍀 温馨提示：

　　随着"旺铺专业版"不断地完善，已经省掉了很多不必要的操作，比如在老版本中更改店名还需要单击"店铺名称"后面的"店名只能通过淘字号修改"，如图6-5所示。

图6-5　在老版本中更改店名

6.2　应用或更换店标

　　当店铺已经运营后，若对之前的店标感到不满意想更换一个，只需将设计好的静态或动态店标准备好进行替换即可。

操作步骤：

❶ 登录淘宝账号，单击"卖家中心"按钮，进入淘宝后台，选择"店铺基本设置"中的"淘宝店铺"选项卡，此时在"基础信息"区域单击店铺标志下面的"上传图标"按钮，如图 6-6 所示。图片支持的文件格式为 GIF、JPG、JPEG、PNG。

图6-6 单击"上传图标"按钮

② 系统会弹出"打开"对话框，选择"小宝户外 店标"图片，如图6-7所示。

图6-7 选择图片

③ 单击"打开"按钮，即可更换之前的店标，如图6-8所示。

图6-8 替换后的店标

④ 此时单击"保存"按钮后，在淘宝中搜索店铺便可以看到新设置的店标，效果如图6-9所示。

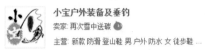

图6-9 新设置的店标

6.3 统一店铺的配色

在网店装修之前，首先要考虑统一店铺的整体颜色风格样式，这样才能够给买家一种视觉的冲击。下面以经营户外商品为装修对象，将冷色调作为整体的格调。本章附带的装修区域都以青色为主，能够与青色搭配的冷色调颜色有蓝色和紫色，紫色太过华贵不适合户外商品，所以本店最终选择蓝色作为整体颜色风格。

操作步骤：

① 进入淘宝后台，执行"店铺管理"｜"店铺装修"命令，进入"店铺装修"界面，单击"配色"按钮，在弹出的配色菜单中选择"天蓝色"，如图6-10所示。

图6-10 "店铺装修"界面

温馨提示：

"旺铺基础版"和"旺铺专业版"都可以直接免费升级为"旺铺智能版"。

② 单击"发布"按钮后，此时就会发现之前的配色方案已经被重新调整，效果如图6-11所示。

图6-11　替换原来的配色

6.4　应用与更换店招

不同的店铺应该有一块与之对应的店铺招牌。好的店招不但可以增强网店的吸引力，而且还能够提升整体的销量。本节将讲解如何在装修店铺中添加已经设计制作好的店招。

6.4.1　快速替换店招

此节以户外商品的店铺作为运营对象，讲解在淘宝店铺中应用与更换设计制作好的店招的方法。

操作步骤：

① 启动 Photoshop 软件，将前面设计的"店招"存储为 JPG 格式备用，存储时应尽量压缩文件。进入淘宝后台，执行"店铺管理" | "店铺装修"命令，进入"店铺装修"界面，单击"页面编辑"按钮，在店招区域的右上角处单击"编辑"按钮，如图6-12所示。

图6-12　"店铺装修"界面

② 然后进入"店铺招牌"对话框，将"招牌类型"设置为"默认招牌"，单击"背景图"右侧的"选择文件"按钮，如图6-13所示。

图6-13 "店铺招牌"对话框

❸ 单击"选择文件"按钮后，选择"上传新图片"选项卡，单击"添加图片"按钮，如图6-14 所示。

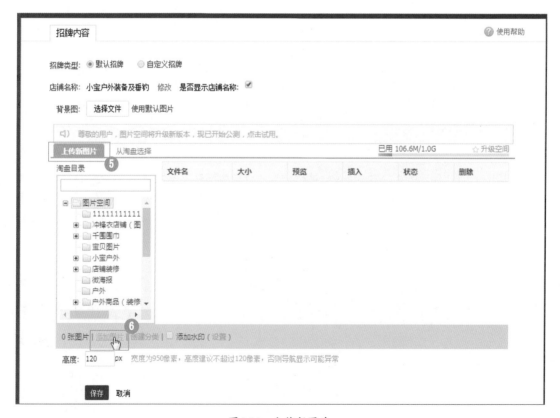

图6-14 上传新图片

技巧：

如果通过淘宝"素材中心"将店招图片从本地上传到"素材中心"，就可以在"从淘盘选择"选项卡中看到该图片，如图6-15所示。

图6-15　"从淘盘选择"选项卡

④ 进入"素材中心"，单击"上传"按钮，在"打开"的对话框中找到制作好的"标准店招"文件，单击"打开"按钮，将其上传到"素材中心"，如图6-16所示。

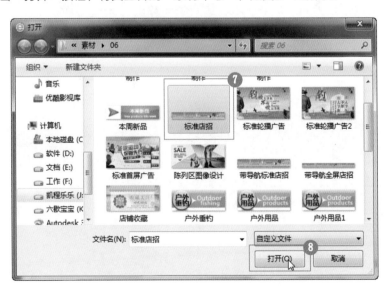

图6-16　"打开"对话框

⑤ 再在"从淘盘选择"选项卡中找到上传的图片，此时在"店铺招牌"对话框中就可以看到预览效果，如图6-17所示。

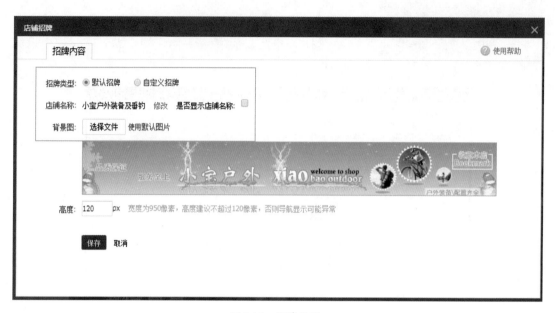

图6-17　预览效果

⑥ 单击"保存"按钮，完成店招的使用，如图6-18所示，单击"发布站点"按钮，即可查看最终效果，如图6-19所示。

图6-18　更换的店招

图6-19　最终效果

☮ 温馨提示：

在"店铺招牌"对话框中单击"修改"按钮，可以重新更改店铺名称，勾选"是否显示店铺名称"复选框，保存后，在店铺的店招中就可以显示店铺的名称，如图6-20所示。

图6-20 显示店铺的名称

6.4.2 标准通栏全屏店招制作

本小节以户外商品的店铺作为运营对象，讲解通栏店招的使用方法。

操作步骤：

❶ 打开之前装修的网店页面，通过抓图软件将店招和导航的局部进行抓图处理。这里可以使用 QQ 抓图功能在边缘处抓图，这样就可以将边缘作为背景使店招看起来更加完整，如图6-21 所示。

❷ 将抓图保存好，进入"页面编辑"界面，在左侧选择"页头"选项，弹出如图 6-22所示的选项内容，单击"页头下边距10像素"后面的"关闭"按钮。

图6-21 抓图   图6-22 "页头"选项

☾ 温馨提示：

"页头下边距10像素"选项是指导航与下面模块之间的距离，如果选择"开启"，就会在导航与模块之间出现一个10像素的缝隙；如果选择"关闭"，就会将导航与下面模块紧密地连在一起。

③ 单击"更换图片"按钮，在弹出的"打开"对话框中，选择刚才抓到的图片"页头背景"，单击"打开"按钮，如图6-23所示。

图6-23　选择图片

④ 再设置一下背景参数，如图6-24所示。

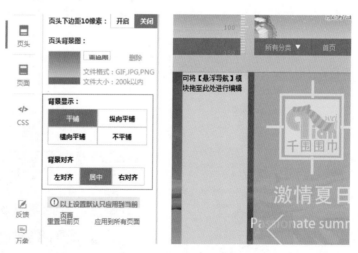

图6-24　设置背景参数

⑤ 完成设置后，单击"发布"按钮，即可观看通栏店招，效果如图6-25所示。

图6-25 通栏店招最终效果

6.4.3 通过代码制作带导航全屏店招并添加链接

本小节以户外商品的店铺作为运营对象，为大家讲解一下通过代码制作一体店招的使用方法。

操作步骤：

❶ 在Dreamweaver中直接将制作好的"带导航标准店招.jpg"素材文件插入到文档中，如图6-26所示。

图6-26 在Dreamweaver中插入图片

❷ 在属性栏中使用▢（矩形热点工具）在导航区域的文字上绘制矩形热区，如图6-27所示。

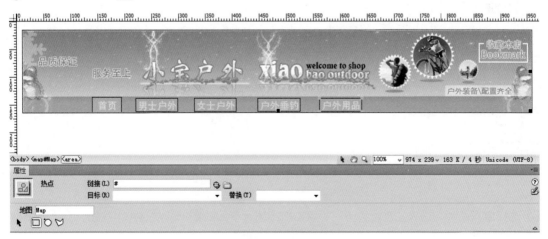

图6-27 绘制矩形热区

❸ 选择"首页"文字上面的热区，回到淘宝装修界面后，选择左侧的"基础页"后，再在右侧选择"首页"，单击"复制地址"按钮，如图6-28所示。

图6-28 复制地址

❹ 复制地址后，在Dreamweaver的"热点"｜"链接"处，按Ctrl+V键粘贴链接地址，如图6-29所示。

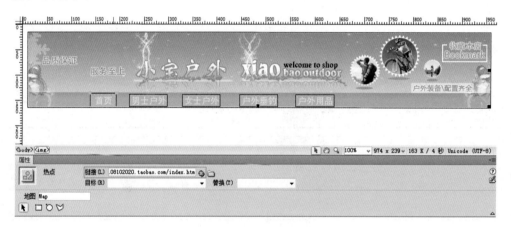

图6-29 粘贴链接地址

❺ 其他页面还没有创建，这里我们先创建首页的链接，其他链接下一节再创建。转换到"代码"标签中，如图6-30所示。

图6-30 代码

❻ 选择店招图片，进入"素材中心"，单击店招图片下面的 ▦ （复制链接）按钮，复制"素材中心"中的地址，回到Dreamweaver中将地址替换，如图6-31所示。

图6-31 替换图片链接地址

⑦ 将代码全部选取，按Ctrl+C键复制，单击淘宝后台中的"店招"右上角的"编辑"按钮，如图6-32所示。

图6-32 编辑

⑧ 单击"编辑"按钮后，打开"店铺招牌"对话框，选择"自定义招牌"单选框，单击 ⟨⟩（源码）按钮，进入源码编辑区，将"高度"设置为150，如图6-33所示。

图6-33 "店铺招牌"对话框

⑨ 进入"店铺招牌"中按Ctrl+V键将代码粘贴，如图6-34所示。

图6-34　粘贴代码

⑩　代码粘贴完毕后，单击"保存"按钮，效果如图6-35所示。

图6-35　店招效果

⑪　在"页面装修"中，单击左侧"页头"选项，弹出如图6-36所示的菜单内容。

图6-36　"页头"选项

⑫ 单击"更换图"按钮,在弹出的"打开"对话框中,选择之前制作的"带导航全屏店招"图片,如图6-37所示。

图6-37　选择图片

⑬ 单击"打开"按钮,将选择的图片应用到"页头"中,效果如图6-38所示。

图6-38　页头效果

⑭ 再单击"发布站点"按钮,即可观看通栏店招,效果如图6-39所示。

图6-39　通栏店招最终效果

技巧：

为整个带导航的店招创建切片，必须在Dreamweaver中以表格的形式插入，之后将其中的图片都替换为素材中心中的地址，最后将代码整个复制到"店招"编辑区，就可以按切片的形式制作全屏店招了。

6.5 在淘宝中添加自定义页面并将链接替换到店招中

在淘宝中为商品创建一个自定义页面，这样就可以更好地对商品进行管理了。创建页面并复制链接到店招的操作方法如下所述。

操作步骤：

1 进入淘宝PC装修界面后单击左侧的"自定义页"选项，在打开的界面中单击"新建页面"按钮，如图6-40所示。

图6-40 单击"新建页面"按钮

2 进入"新建页面"界面中，设置页面名称、页面内容，如图6-41所示。

图6-41 新建页面并设置

图6-41　新建页面并设置（续）

❸ 设置完毕后单击"新建页面"按钮，此时可以看到新建的页面。使用同样的方法多建几个自定义页面，可以复制页面的地址、进入装修页面等，如图6-42所示。

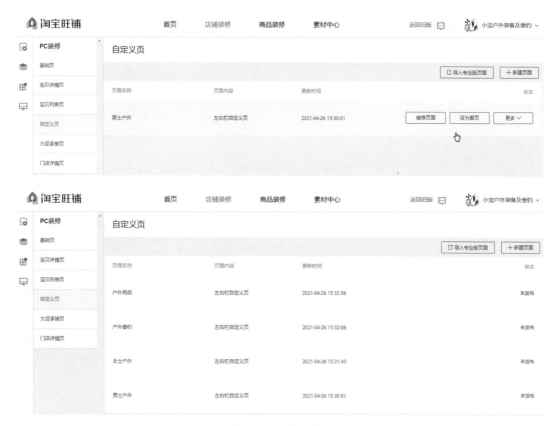

图6-42　新建的页面

④ 进入装修页面后，可以在页面管理处显示需要装修的所有页面，如图6-43所示。

图6-43　页面管理

 技巧：

　　自定义页面的装修与首页相似，本章只讲解首页各个区域效果图的应用与替换，以便运营起来更加吸引买家。

⑤ 进入自定义装修管理页面，单击"更多"按钮，在下拉列表中执行"复制地址"命令，如图6-44所示。

图6-44　复制地址

⑥ 进入Dreamweaver中，选择"户外用品"热区，在"热点"｜"链接"处，按Ctrl+V键粘贴链接地址，如图6-45所示。

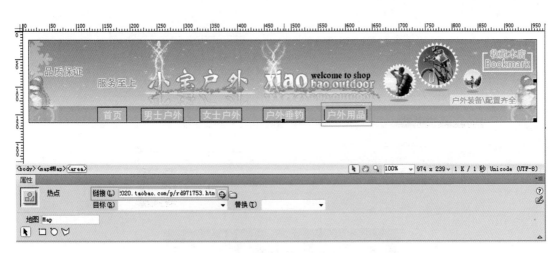

图6-45 复制地址

❼ 使用同样的方法，将其他自定义页面的地址都复制到链接处，转换到"代码"标签中按Ctrl+A
键选区代码，按Ctrl+C键复制选中的代码，再次回到首页装修页面，单击"店招"右上角的
"编辑"按钮，打开"店铺招牌"对话框，选择"自定义招牌"单选框，单击 ↔（源码）按
钮，进入源码编辑区，删除之前的代码，按Ctrl+V键粘贴复制的代码，如图6-46所示。

图6-46 复制代码

❽ 单击"保存"按钮，将网店发布后，将鼠标拖曳到"女士户外"上并单击，系统会自动跳转
到"女士户外"页面，如图6-47所示。

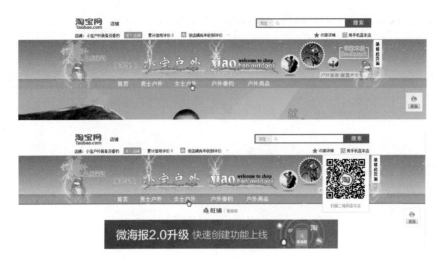

图6-47　跳转

6.6　轮播图的应用

轮播图也叫焦点图，可以将多个静态图进行轮换显示，这样更加吸引买家的注意力，使买家把注意力放在本店的时间增加，从而实现盈利的目标。

6.6.1　标准轮播图应用

本小节以户外商品的店铺作为运营对象，向大家讲解标准轮播图的使用方法。

操作步骤：

❶ 启动 Photoshop 软件，将之前设计制作的两个"标准通栏广告"文件存储为 JPG 格式备用，存储时应尽量压缩文件。在"店铺装修"界面中，单击"自定义区域"右侧的"删除"按钮，将当前的自定义区域删除后，重新添加自定义区域的方法为首先进入"页面管理"页面，选择"首页"，在右侧单击"布局管理"按钮，进入布局管理页面，如图6-48所示。

图6-48　布局管理页面

❷ 在"添加布局单元"中单击"＋"按钮，待系统弹出"布局管理"对话框后，选择"950/1920（通栏）"选项，如图6-49所示。

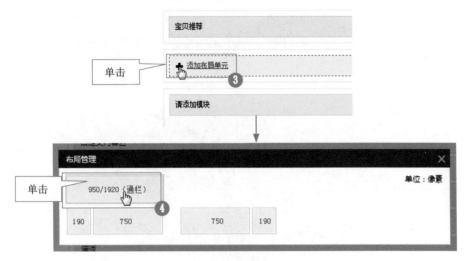

图6-49 布局管理

❸ 单击"950/1920（通栏）"后，系统会新建一个布局单元，如图6-50所示。

图6-50 新建布局单元

❹ 拖动移动符号，将其向上移动，在"导航"与"自定义内容区"之间停止，单击鼠标将其放置到两者之间的位置，如图6-51所示。

图6-51 移动位置

❺ 单击左侧的"模块"按钮，在弹出的"模块管理"对话框中，将"图片轮播"添加到刚才新建的布局单元中，如图6-52所示。

图6-52　添加模块

❻ 单击"页面编辑"按钮，进入编辑页面，在"图片轮播"区域单击"编辑"按钮，如图6-53所示。

图6-53　编辑

❼ 进入"图片轮播"对话框后，在对话框中分别设置两个标签中的内容，如图6-54所示。

图6-54　设置标签内容

图6-54　设置标签内容（续）

❽ 设置完毕后，单击"添加"按钮，插入另一张"标准通栏广告2"图片，如图6-55所示。

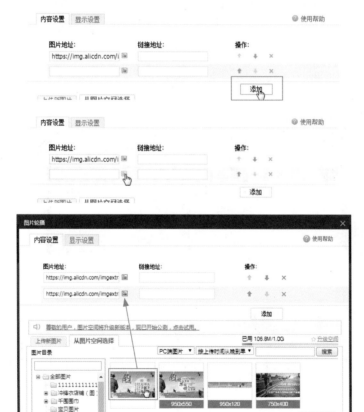

图6-55　插入图片

⑨ 单击"保存"按钮，装修效果如图6-56所示。

图6-56　装修后的广告效果

⑩ 单击右上角的"发布站点"按钮，完成本区域的装修，店铺运行效果如图6-57所示。

图6-57　最终效果

6.6.2　智能全屏轮播图应用

　　智能全屏轮播图对于不会代码又想要高大上广告的店主来说是非常实用的一项功能，使用方法与标准轮播图使用方法相同。下面以户外商品的店铺作为运营对象，为大家讲解一下智能全屏轮播图的使用方法。

操作步骤：

❶ 单击左侧的"模块"按钮，在弹出的"模块管理"对话框中，将"全屏轮播"模块拖曳到装修区域中，如图6-58所示。

图6-58 拖曳模块

❷ 在装修编辑页面中的"轮播图"区域单击"编辑"按钮,如图6-59所示。

图6-59 单击"编辑"按钮

❸ 进入"全屏轮播"对话框后,可以在此对话框中选择两张事先制作好的图片。但由于智能轮播对图片的高度有限制,所以选择的图片如果高于限制数值,会弹出"图片裁剪"对话框,在预览框内进行最大化的裁剪,完成后单击"确定"按钮,完成裁剪,两张图裁剪方法一致,如图6-60所示。

图6-60 设置选择图片

图6-60　设置选择图片（续）

技巧：

智能全屏轮播图需要的图片尺寸是1920像素×540像素；链接地址可以直接在"页面管理"中复制。

❹ 设置完毕后，单击"保存"按钮，再单击装修区右上角的"发布站点"按钮，就可以完成本区域的装修。店铺运行效果如图6-61所示。

图6-61　最终效果

技巧：

添加的模块如果不想要了，只要单击"删除"按钮即可将其删除。

温馨提示：

为了提高整体店铺的显示效果，笔者会将讲解过的内容删除，例如标准轮播和智能全屏轮播共同存在时，会将标准轮播图删除。

6.6.3 代码全屏轮播图应用

在店铺中如果轮播图是全屏显示的图片，整个店铺就会给人一种高大上的感觉，给买家留下的印象也比较正规。淘宝中新增加的智能版是限制高度的，很多店主想要不限高度的大气的全屏轮播图，本节就来讲解通过代码制作不限高度全屏轮播图的方法。

操作步骤：

① 刚开始与制作标准轮播图一致，即新建一个"布局单元"将其移动到"店招"下方，为其添加一个"自定义内容区"模块，如图6-62所示。

图6-62 布局

② 回到编辑页面，单击"编辑"按钮，打开"自定义内容区"面板，勾选"编辑源代码"复选框，如图6-63所示。

图6-63 "自定义内容区"面板

❸ 我们可以先在记事本或Dreamweaver中编写代码，这里我们在Dreamweaver编写"代码"，如图6-64所示。

```
1  <div style="height:600px;" class="xfbdw_com QdotCode">
2    <div class="footer-more-trigger most-footer Qdotpstv5bSz6" style="border:0 none;padding:0;background-color:transparent;width:1920px;
   height:600px;border:0 none;padding:0;top:auto;left:auto;">
3      <div class="footer-more-trigger most-footer Qdotpstv5bSz6" style="border:0 none;padding:0;background-color:transparent;width:
   1920px;height:600px;left:-485px;top:0px;border:0 none;padding:0;overflow:hidden;">
4        <div class="Qdotlayerv5bSz6" style="height:600px;width:1920px;overflow:hidden;">
5          <div class="Qdotwrapv5bSz6 J_TWidget" data-widget-type="Carousel" data-widget-config="{'effect': 'none','easing':
   'none','circular':true,'interval':'5','duration':0.5,'autoplay':true,'contentCls':
   'Qdotcontentv5bSz6','prevBtnCls':'Qdotprevv5bSz6','nextBtnCls':'Qdotnextv5bSz6'}" style="height:600px; width:1920px; overflow: hidden;
   position: relative;">
6            <div class="most-footer footer-more-trigger" style="width:1920px;height:60px;border:0 none;padding:0;background-color:
   transparent;z-index:80;left:auto;top:480px;"> </div>
7            <ul class="Qdotcontentv5bSz6 clearfix" style="top: 0px; position: absolute;z-index:9;width:999999px;">
8              <li style="list-style-type:none;margin:0px;padding:0px;width:1920px;height:600px;float:left;" data-title=
   "poweredBy:www.xfbdw.com"> <img border="0" src="图片1" height="600" width="1920" /></li>
9              <li style="list-style-type:none;margin:0px;padding:0px;width:1920px;height:600px;float:left;" data-title=
   "poweredBy:www.xfbdw.com"> <img border="0" src="图片2" height="600" width="1920" /></li>
10             </ul>
11           <div class="most-footer footer-more-trigger" style="width:950px;height:60px;z-index:90;top:245px;overflow:hidden;clear:both;
   border:0 none;background:none;left:485px;"><span class="Qdotprevv5bSz6 Qdotpstv5bSz6" style="width:auto;border:0 none;padding:0;
   background-color:transparent;float:left;cursor:pointer;"> <img data-ks-lazyload="左侧按钮" src="左侧按钮" width="60" height="60" /></
   span> <span class="Qdotnextv5bSz6 Qdotpstv5bSz6" style="width:auto;border:0 none;padding:0;background-color:transparent;float:right;
   cursor:pointer;"> <img data-ks-lazyload="右侧按钮" src="右侧按钮" width="60" height="60" /></span> </div>
12           </div>
13         </div>
14       </div>
15     </div>
16  </div>
17  </div>
```

图6-64　编写代码

💬 **温馨提示：**

如果对代码不是很熟悉，可以到网上找一些编辑轮播图代码的网址，通过输入图片地址直接生成代码，非常方便。

❹ 这里只要将代码中的图片替换成"图片空间"中对应图片的链接地址即可。即到"图片空间"中，选择"全屏首屏广告.jpg"图片，单击 ![复制链接] （复制链接）按钮，如图6-65所示。

图6-65　复制链接

❺ 返回到Dreamweaver中，替换"图片1"的链接地址，如图6-66所示。

```
1  <div style="height:600px;" class="xfbdw_com QdotCode">
2    <div class="footer-more-trigger most-footer Qdotpstv5bSz6" style="border:0 none;padding:0;background-color:transparent;width:1920px;
   height:600px;border:0 none;padding:0;top:auto;left:auto;">
3      <div class="footer-more-trigger most-footer Qdotpstv5bSz6" style="border:0 none;padding:0;background-color:transparent;width:
   1920px;height:600px;left:-485px;top:0px;border:0 none;padding:0;overflow:hidden;">
4        <div class="Qdotlayerv5bSz6" style="height:600px;width:1920px;overflow:hidden;">
5          <div class="Qdotwrapv5bSz6 J_TWidget" data-widget-type="Carousel" data-widget-config="{'effect': 'none','easing':
   'none','circular':true,'interval':'5','duration':0.5,'autoplay':true,'contentCls':
   'Qdotcontentv5bSz6','prevBtnCls':'Qdotprevv5bSz6','nextBtnCls':'Qdotnextv5bSz6'}" style="height:600px; width:1920px; overflow: hidden;
   position: relative;">
6            <div class="most-footer footer-more-trigger" style="width:1920px;height:60px;border:0 none;padding:0;background-color:
   transparent;z-index:80;left:auto;top:480px;"> </div>
7            <ul class="Qdotcontentv5bSz6 clearfix" style="top: 0px; position: absolute;z-index:9;width:999999px;">
8              <li style="list-style-type:none;margin:0px;padding:0px;width:1920px;height:600px;float:left;" data-title=
   "poweredBy:www.xfbdw.com"> <img border="0" src="[图片1]" height="600" width="1920" /></li>
9              <li style="list-style-type:none;margin:0px;padding:0px;width:1920px;height:600px;float:left;" data-title=
   "poweredBy:www.xfbdw.com"> <img border="0" src="[图片2]" height="600" width="1920" /></li>
10           </ul>
11           <div class="most-footer footer-more-trigger" style="width:950px;height:60px;z-index:90;top:245px;overflow:hidden;clear:both;
   border:0 none;background:none;left:485px;"><span class="Qdotprevv5bSz6 Qdotpstv5bSz6" style="width:auto;border:0 none;padding:0;
   background-color:transparent;float:left;cursor:pointer;"> <img data-ks-lazyload="[左侧按钮]" src="[左侧按钮]" width="60" height="60" /></
   span> <span class="Qdotnextv5bSz6 Qdotpstv5bSz6" style="width:auto;border:0 none;padding:0;background-color:transparent;float:right;
   cursor:pointer;"> <img data-ks-lazyload="[右侧按钮]" src="[右侧按钮]" width="60" height="60" /></span> </div>
12         </div>
13       </div>
14     </div>
15   </div>
16 </div>
17 </div>
```

```
1  <div style="height:600px;" class="xtbdw_com QdotCode">
2    <div class="footer-more-trigger most-footer Qdotpstv5bSz6" style="border:0 none;padding:0;background-color:transparent;width:1920px;
   height:600px;border:0 none;padding:0;top:auto;left:auto;">
3      <div class="footer-more-trigger most-footer Qdotpstv5bSz6" style="border:0 none;padding:0;background-color:transparent;width:
   1920px;height:600px;left:-485px;top:0px;border:0 none;padding:0;overflow:hidden;">
4        <div class="Qdotlayerv5bSz6" style="height:600px;width:1920px;overflow:hidden;">
5          <div class="Qdotwrapv5bSz6 J_TWidget" data-widget-type="Carousel" data-widget-config="{'effect': 'none','easing':
   'none','circular':true,'interval':'5','duration':0.5,'autoplay':true,'contentCls':
   'Qdotcontentv5bSz6','prevBtnCls':'Qdotprevv5bSz6','nextBtnCls':'Qdotnextv5bSz6'}" style="height:600px; width:1920px; overflow: hidden;
   position: relative;">
6            <div class="most-footer footer-more-trigger" style="width:1920px;height:60px;border:0 none;padding:0;background-color:
   transparent;z-index:80;left:auto;top:480px;"> </div>
7            <ul class="Qdotcontentv5bSz6 clearfix" style="top: 0px; position: absolute;z-index:9;width:999999px;">
8              <li style="list-style-type:none;margin:0px;padding:0px;width:1920px;height:600px;float:left;" data-title=
   "poweredBy:www.xfbdw.com"> <img border="0" src=
   "https://img.alicdn.com/imgextra/i2/656610732/TB2zeRFee7JL1JjSZFKXXc4KXXa_!!656610732.jpg" height="600" width="1920" /></li>
9              <li style="list-style-type:none;margin:0px;padding:0px;width:1920px;height:600px;float:left;" data-title=
   "poweredBy:www.xfbdw.com"> <img border="0" src="[图片2]" height="600" width="1920" /></li>
10           </ul>
11           <div class="most-footer footer-more-trigger" style="width:950px;height:60px;z-index:90;top:245px;overflow:hidden;clear:both;
   border:0 none;background:none;left:485px;"><span class="Qdotprevv5bSz6 Qdotpstv5bSz6" style="width:auto;border:0 none;padding:0;
   background-color:transparent;float:left;cursor:pointer;"> <img data-ks-lazyload="[左侧按钮]" src="[左侧按钮]" width="60" height="60" /></
   span> <span class="Qdotnextv5bSz6 Qdotpstv5bSz6" style="width:auto;border:0 none;padding:0;background-color:transparent;float:right;
   cursor:pointer;"> <img data-ks-lazyload="[右侧按钮]" src="[右侧按钮]" width="60" height="60" /></span> </div>
12         </div>
13       </div>
14     </div>
15   </div>
16 </div>
17 </div>
```

图6-66　替换地址

❻ 使用同样的方法替换"图片2""左侧按钮""右侧按钮"的地址，如图6-67所示。

```
1  <div style="height:600px;" class="xfbdw_com QdotCode">
2    <div class="footer-more-trigger most-footer Qdotpstv5bSz6" style="border:0 none;padding:0;background-color:transparent;width:1920px;
   height:600px;border:0 none;padding:0;top:auto;left:auto;">
3      <div class="footer-more-trigger most-footer Qdotpstv5bSz6" style="border:0 none;padding:0;background-color:transparent;width:
   1920px;height:600px;left:-485px;top:0px;border:0 none;padding:0;overflow:hidden;">
4        <div class="Qdotlayerv5bSz6" style="height:600px;width:1920px;overflow:hidden;">
5          <div class="Qdotwrapv5bSz6 J_TWidget" data-widget-type="Carousel" data-widget-config="{'effect': 'none','easing':
   'none','circular':true,'interval':'5','duration':0.5,'autoplay':true,'contentCls':
   'Qdotcontentv5bSz6','prevBtnCls':'Qdotprevv5bSz6','nextBtnCls':'Qdotnextv5bSz6'}" style="height:600px; width:1920px; overflow: hidden;
   position: relative;">
6            <div class="most-footer footer-more-trigger" style="width:1920px;height:60px;border:0 none;padding:0;background-color:
   transparent;z-index:80;left:auto;top:480px;"> </div>
7            <ul class="Qdotcontentv5bSz6 clearfix" style="top: 0px; position: absolute;z-index:9;width:999999px;">
8              <li style="list-style-type:none;margin:0px;padding:0px;width:1920px;height:600px;float:left;" data-title=
   "poweredBy:www.xfbdw.com"> <img border="0" src=
   "https://img.alicdn.com/imgextra/i2/656610732/TB2zeRFee7JL1JjSZFKXXc4KXXa_!!656610732.jpg" height="600" width="1920" /></li>
9              <li style="list-style-type:none;margin:0px;padding:0px;width:1920px;height:600px;float:left;" data-title=
   "poweredBy:www.xfbdw.com"> <img border="0" src=
   "https://img.alicdn.com/imgextra/i2/656610732/TB2TzFPeo3IL1JjSZFMXXajrFXa_!!656610732.jpg" height="600" width="1920" /></li>
10           </ul>
11           <div class="most-footer footer-more-trigger" style="width:950px;height:60px;z-index:90;top:245px;overflow:hidden;clear:both;
   border:0 none;background:none;left:485px;"><span class="Qdotprevv5bSz6 Qdotpstv5bSz6" style="width:auto;border:0 none;padding:0;
   background-color:transparent;float:left;cursor:pointer;"> <img data-ks-lazyload=
   "https://img.alicdn.com/imgextra/i2/656610732/TB2QKIAiVXXXXcoXpXXXXXXXXXXX_!!656610732.png" src=
   "https://img.alicdn.com/imgextra/i2/656610732/TB2QKIAiVXXXXcoXpXXXXXXXXXXX_!!656610732.png" width="60" height="60" /></span> <span
   class="Qdotnextv5bSz6 Qdotpstv5bSz6" style="width:auto;border:0 none;padding:0;background-color:transparent;float:right;cursor:pointer
   ;"> <img data-ks-lazyload="https://img.alicdn.com/imgextra/i1/656610732/TB2DvECiVXXXXbKXpXXXXXXXXXXX_!!656610732.png" src=
   "https://img.alicdn.com/imgextra/i1/656610732/TB2DvECiVXXXXbKXpXXXXXXXXXXX_!!656610732.png" width="60" height="60" /></span> </div>
12         </div>
13       </div>
```

图6-67　替换地址

⑦ 将Dreamweaver中的代码全部复制，返回装修页面，将复制的代码粘贴到"自定义内容区"，如图6-68所示。

图6-68　粘贴代码

⑧ 单击"确定"按钮，此时效果如图6-69所示。

图6-69　全屏轮播图

⑨ 单击右上角的"发布站点"按钮，此时店铺全屏轮播图效果如图6-70所示。

图6-70 全屏轮播图

6.7 自定义广告的应用

淘宝店铺中自定义促销区的设置可对整个网店起到广告宣传的作用。本节就为大家讲解标准通栏广告、智能全屏宽图广告、通过代码添加全屏广告、750广告和190广告的应用。

6.7.1 标准通栏广告应用

以户外商品的店铺作为运营对象，下面就为大家讲解一下网店装修中的标准通栏广告的应用方法。

操作步骤：

① 进入"店铺装修"页面，打开"模块"菜单，拖动"自定义区"模块到全屏轮播图下方，如图6-71所示。

图6-71　插入自定义模块

❷ 单击"自定义内容区"的"编辑"按钮，即可进入"自定义内容区"对话框，设置显示内容
后，单击"插入图片空间图片"按钮，如图6-72所示。

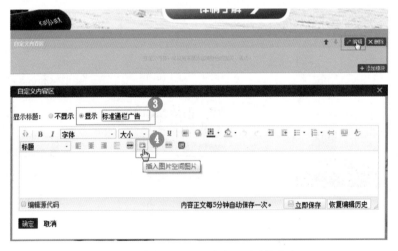

图6-72　单击"插入图片空间图片"按钮

❸ 进入"从图片空间选择"选项卡，选择"标准首屏广告.jpg"图片，单击"插入"按钮，如图6-73
所示。

图6-73　单击"插入"按钮

图6-73 单击"插入"按钮(续)

④ 插入图片后,效果如图6-74所示。

图6-74 插入图片效果图

⑤ 单击下面的"确定"按钮,完成图片插入操作,装修后单击右上角的"发布站点"按钮,即可完成本区域的应用,效果如图6-75所示。

图6-75 标准通栏广告效果图

温馨提示：

如果感觉当前网店背景不能更好地衬托网店商品，我们可以在"页面"中为网店设置自己喜欢的背景色或背景图，效果如图6-76所示。

图6-76　背景图

6.7.2　智能全屏宽图广告应用

以户外的店铺作为运营对象，下面就为大家讲解一下网店装修中的智能全屏宽图广告的应用方法。

操作步骤：

① 进入"店铺装修"页面的"模块"标签页面，拖动"全屏宽图"模块到全屏轮播图下方，如图6-77所示。

图6-77　拖动"全屏宽图"模块

❷ 单击"全屏宽图"的"编辑"按钮，进入"全屏宽图"对话框，单击"选择图片"按钮 ▦ ，
在弹出的菜单中选择"从图片空间选择"标签页，之后选择一张设置好的全屏广告图片，将图
片裁剪后，将其插入"全屏宽图"对话框中，再单击"保存"按钮，如图6-78所示。

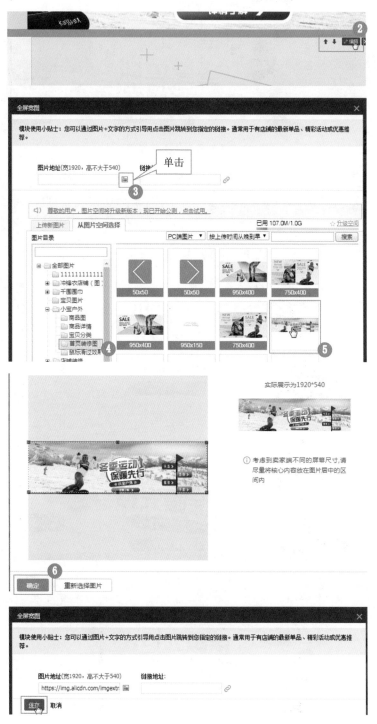

图6-78 编辑

③ 此时可以看到插入的全屏宽图，如图6-79所示。

图6-79　应用的智能全屏宽图广告

④ 单击右侧的"发布站点"按钮，可以看到全屏宽图广告的效果，如图6-80所示。

图6-80　全屏宽图广告的效果

6.7.3 通过代码添加全屏广告应用

　　由于智能版中的全屏宽图在高度上受到限制，因而我们可以通过代码添加全屏广告的方式突破这种限制。以围巾的店铺作为运营对象，向大家讲解一下网店装修中通过代码添加全屏广告的应用方法。

操作步骤：

❶ 进入"店铺装修"页面中的"模块"菜单，拖动"自定义"模块到全屏轮播图下方，如图6-81所示。

图6-81　拖动"自定义"模块

❷ 单击"自定义内容区"的"编辑"按钮，进入"自定义内容区"对话框，设置显示内容后，勾选"编辑源代码"复选框，如图6-82所示。

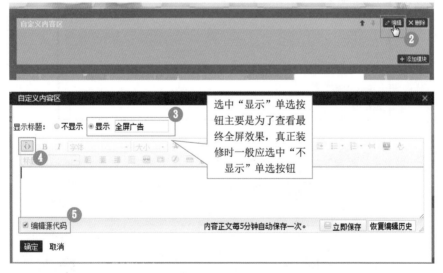

图6-82　编辑

❸ 到Dreamweaver的"代码"中编写全屏源代码，如图6-83所示。

❹ 打开"素材中心"，单击"全屏轮播广告"图片的 ＜/＞ "复制链接"按钮，如图6-84所示。

```
1  <div style="height:600px;">
2      <div class="footer-more-trigger" style="left:50%;top:auto;border:none;padding:0;">
3          <div class="footer-more-trigger" style="left:-960px;top:auto;border:none;padding:0;">
4      <!>
5          <a href="链接地址" target="_blank">
6              <img src="图片" width="1920px" height="600px" border="0" />
7          </a>
8      <!>
9          </div>
10     </div>
11  </div>
12
```

用"素材中心"中的链接替换此处

图6-83　替换代码

全屏轮播广告.jpg

图6-84　复制链接

⑤ 返回Dreamweaver中替换地址，如图6-85所示。

```
<div style="height:600px;">
    <div class="footer-more-trigger" style="left:50%;top:auto;border:none;padding:0;">
        <div class="footer-more-trigger" style="left:-960px;top:auto;border:none;padding:0;">
    <!>
        <a href="链接地址" target="_blank">
            <img src="https://img.alicdn.com/imgextra/i4/656610732/TB2PUWXmHJmpuFjSZFwXXaE4VXa_!!656610732.jpg" width="1920px" height=
"600px" border="0" />
        </a>
    <!>
        </div>
    </div>
</div>
```

图6-85　替换地址

⑥ 复制编写的代码，并将其粘贴在"自定义内容区"，效果如图6-86所示。

图6-86　粘贴代码

⑦ 设置完毕，先单击"确定"按钮，再单击左侧的"发布"按钮，效果如图6-87所示。

全屏轮播图

图6-87　全屏轮播效果图

图6-87 效果图（续）

💧 **温馨提示：**

以上添加的全屏广告、标准通栏广告，在店面中如果与轮播图发生冲突，可以将相比之下效果较差的删除。

6.7.4 750广告与190广告应用

以户外商品为主的店铺作为运营对象，向大家讲解一下网店装修中750广告的应用方法。

操作步骤：

❶ 启动Photoshop软件，将之前设计制作的两则"标准通栏广告"储存为JPG格式备用，存储时应尽量压缩文件。在"店铺装修"界面中，单击"自定义区域"右侧的"删除"按钮，将当前的自定义区域删除。删除之后，首先进入"页面管理"页面，选择"首页"，在右侧单击"布局管理"按钮，进入布局页面，如图6-88所示。

图6-88　进入布局页面

② 在下面的"添加布局单元"中单击"＋"按钮，待系统弹出"布局管理"对话框后，选择"190+750"选项，如图6-89所示。

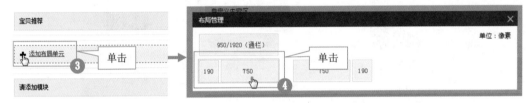

图6-89　"布局管理"对话框

③ 单击190+750之后，系统就会新建一个布局单元，如图6-90所示。

图6-90　新建布局单元

④ 拖动移动符号，将其向上移动，在"自定义内容区"下方停止，如图6-91所示。

图6-91　移动位置

图6-91 移动位置（续）

❺ 单击左侧的"模块"按钮，在弹出的"模块管理"对话框中，将"自定义区"模块添加到刚才新建的布局单元中，如图6-92所示。

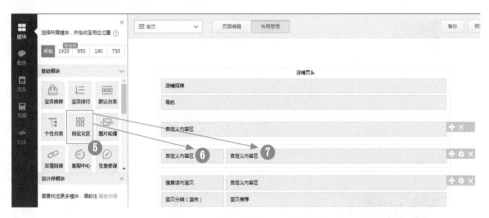

图6-92 添加"自定义区"模块

❻ 返回"页面编辑"，在右侧的"自定义内容区"单击"编辑"按钮，待其弹出的"自定义内容区"对话框后，单击"插入图片空间图片"按钮，如图6-93所示。

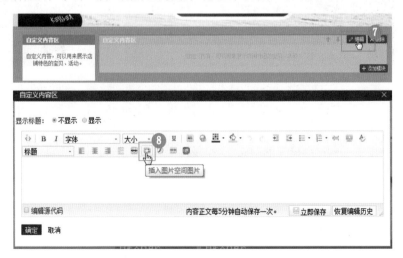

图6-93 "自定义内容区"对话框

7 选择"750广告"后，单击"插入"按钮，如图6-94所示。

图6-94　插入图片

8 插入图片后，单击"确定"按钮，效果如图6-95所示。

9 装修后再单击右上角的"发布"按钮，即可完成本区域的应用，使用同样的方法将"190广告"添加到左侧的自定义内容区，效果如图6-96所示。

图6-95　插入后的效果　　　　　　　　　　图6-96　最终效果

温馨提示:

在编辑"自定义内容区"时，同时插入多张图片，可以将两张图片无缝隙连接，效果如图6-97所示。

图6-97　插入两张图片的效果

6.8 为淘宝自定义内容添加鼠标经过效果

在淘宝中添加一些特效可以让买家更有新奇感，本节就来讲解在淘宝中添加鼠标滑过时变成另一幅图片的技巧。

首先在 Dreamweaver 中编写代码，然后替换图片地址，最后将代码粘贴到"自定义内容区"，就可以得到鼠标经过效果。

操作步骤：

❶ 找到第3章制作的"陈列区切片"图像文件，如图6-98所示。

图6-98　图像文件

❷ 将导出的切片上传到"素材中心"，如图6-99所示。

图6-99 上传的图片

❸ 设置每幅图片的宽度与高度，启动Dreamweaver软件，在"代码"区编写代码，如图6-100所示。

```
1  <div class="sub all_t01" style="width:190px;height:400px; dashed #ccc;background:url(原图);float:left;margin-right: 0px">
2
3      <div data-widget-config="{'trigger':'.all_t01','align':{'node':'.all_t01','offset':[0,-400],'points':['bc','tc']}}"
   data-widget-type="Popup" class="J_TWidget hidden">
4
5          <div style="width:190px;height:400px;background:url(经过图)">
6
7              <a href="#" style="display:block;width:190px;height:400px;" target="_blank"></a></div>
8
9      </div>
10
11  </div>
```

图6-100 编写代码

❹ 将代码中的"原图""经过图"替换成"素材中心"中图片的地址，即可以得到鼠标经过效果图。然后复制图片的链接，并将链接替换到Dreamweaver中，如图6-101所示。

图6-101 替换图片链接

技巧:

对于单击图片链接到的对应页面,大家可以在后面整个店铺装修完毕后,再在"自定义内容区"将链接替换地址,如图6-102所示。

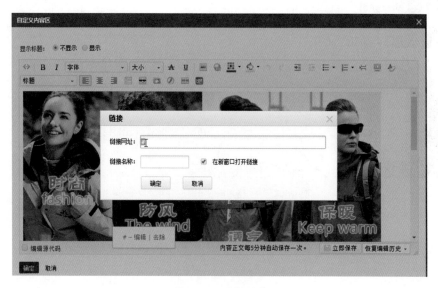

图6-102 编辑链接

❺ 将代码全选后按Ctrl+C键,另起一行按Ctrl+V键,粘贴代码后,在此处即可获得第二张图片的鼠标经过效果,"sub all_t01"中的"01"代表图片,但必须把数值都改变,否则页面会出现混乱现象,具体如图6-103所示。

```
1  <div class="sub all_t01" style="width:190px;height:400px; dashed #ccc;background:
   url(https://img.alicdn.com/imgextra/i4/656610732/TB2K6VIadFopuFjSZFHXXbSlXXa_!!656610732.gif);float
   left;margin-right: 0px">
2
3      <div data-widget-config=
   "{'trigger':'.all_t01','align':{'node':'.all_t01','offset':[0,-400],'points':['bc','tc']}}"
   data-widget-type="Popup" class="J_TWidget hidden">
4
5          <div style="width:190px;height:400px;background:
   url(https://img.alicdn.com/imgextra/i2/656610732/TB28UiTX1J8puFjy1XbXXagqVXa_!!656610732.gif)">
6
7              <a href="#" style="display:block;width:190px;height:400px;" target="_blank"></a></div>
8
9      </div>
10
11 </div>
12
13 <div class="sub all_t02" style="width:190px;height:400px; dashed #ccc;background:
   url(https://img.alicdn.com/imgextra/i4/656610732/TB2K6VIadFopuFjSZFHXXbSlXXa_!!656610732.gif);float
   left;margin-right: 0px">
14
15     <div data-widget-config=
   "{'trigger':'.all_t02','align':{'node':'.all_t02','offset':[0,-400],'points':['bc','tc']}}"
   data-widget-type="Popup" class="J_TWidget hidden">
16
17         <div style="width:190px;height:400px;background:
   url(https://img.alicdn.com/imgextra/i2/656610732/TB28UiTX1J8puFjy1XbXXagqVXa_!!656610732.gif)">
```

图6-103 复制代码

❻ 替换用于第二张图片的链接地址,如图6-104所示。

图6-104　替换第二张图片的链接地址

❼ 依次获取另外三张图片制作鼠标经过效果，代码如图6-105所示。

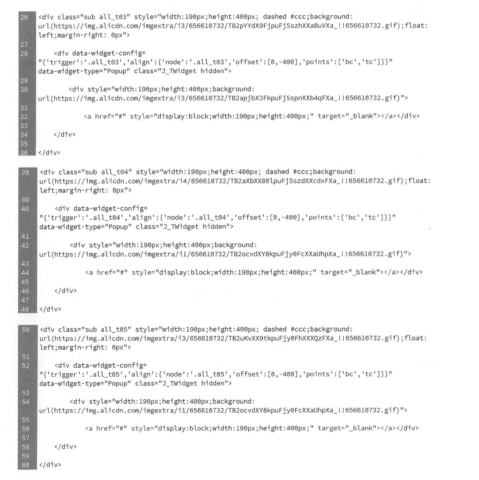

图6-105　代码

⑧ 将代码全部选取后按Ctrl+C键将其复制，再进入"店铺装修"页面，点开"模块"菜单，拖动"自定义区"模块到全屏轮播图下方，如图6-106所示。

图6-106 拖动"自定义区"模块

⑨ 单击"自定义内容区"的"编辑"按钮，进入"自定义内容区"对话框，勾选"不显示"单选框，再在左下角处勾选"编辑源代码"复选框，在编辑区按Ctrl+V键粘贴复制的代码，如图6-107所示。

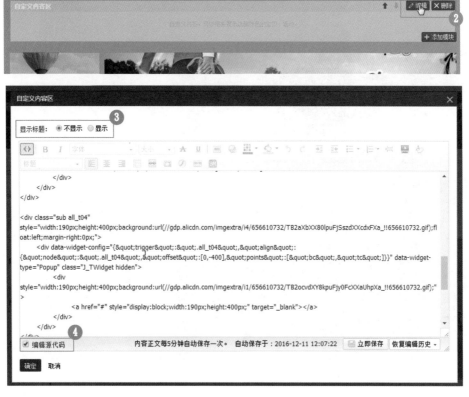

图6-107 编辑

⑩ 设置完毕后单击"确定"按钮，效果如图6-108所示。

图6-108　显示效果

⑪ 单击右上角的"发布站点"按钮，完成本区域的应用，鼠标经过就会变成另一张图片，效果如图6-109所示。

图6-109　鼠标经过效果

6.9　宝贝分类的使用

在淘宝网店中对自己的商品进行细致的归类，有助于买家浏览选择，好的宝贝分类可以直接或间接地增加网店的人气和收入。

6.9.1　应用宝贝分类

下面以户外商品的店铺作为运营对象，讲解宝贝分类在网店中的使用方法。

操作步骤：

❶ 启动Photoshop软件，将之前设计的"宝贝分类"存储为PNG格式备用，并将其上传到"素材中心"；进入淘宝后台，选择"装修店铺"，在左侧打开"模块"菜单，将"默认分类"直接拖曳到左侧190广告的下面，如图6-110所示。

❷ 将鼠标移到"宝贝分类"的右上边，此时会出现一个"编辑"按钮，如图6-111所示。

图6-110　拖动模块

图6-111　选择"编辑"按钮

❸ 单击"编辑"按钮后，进入"分类管理"页面，再单击"添加手工分类"按钮，就会创建分类，然后即可在新建的分类中输入文本，如图6-112所示。

图6-112　输入文本

④ 在"户外用品"后面单击"添加图片"按钮，再单击"插入图片空间图片"单选按钮，如图6-113所示。

图6-113　编辑

⑤ 在弹出的"从图片空间选择"对话框中，选择"户外用品"图片，如图6-114所示。

图6-114　选择图片

⑥ 单击选择的图片后，就可以在"分类图片"中看到插入的图片，如图6-115所示。

图6-115　显示效果

⑦ 单击右上角的"保存更改"按钮，回到装修页面，就可以看到插入的"户外用品"按钮，如图6-116所示。

图6-116 分类按钮

⑧ 进入"分类管理"编辑界面，就可以添加其他分类图片，如图6-117所示。

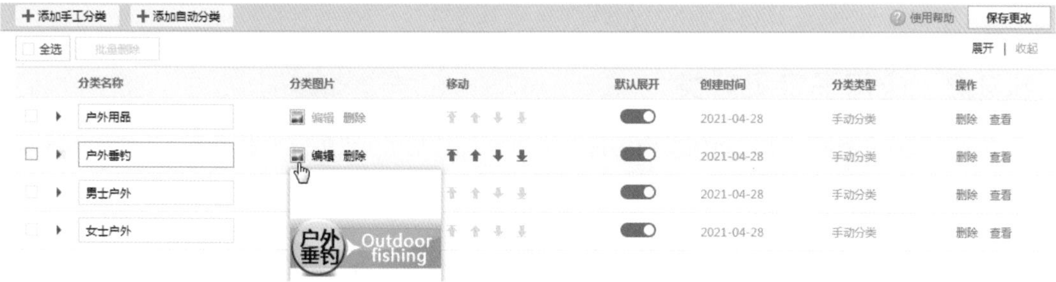

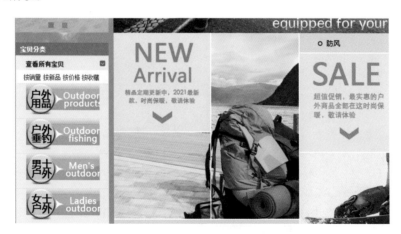

图6-117 添加其他分类图片

⑨ 单击右上角的"保存更改"按钮，回到装修页面，就可以看到插入的宝贝分类按钮，效果如图6-118所示。

图6-118 分类效果

⑩ 单击右上角的"发布站点"按钮，就可以看到整个店铺的分类效果，如图6-119所示。

图6-119　装修效果

6.9.2　应用子宝贝分类

本小节以户外商品为主的店铺作为运营对象，向大家讲解子宝贝分类在网店中的使用方法。

操作步骤：

❶ 进入淘宝后台，选择"装修店铺"页面，在"宝贝分类"模块处单击"编辑"按钮，进入"宝贝管理"编辑状态，单击"分类名称"下面"户外用品"前面的三角符号，显示隐藏选项，单击"添加子分类"按钮两次后，即可得到两个子分类，设置名称如图6-120所示。

图6-120　添加子分类

▶ **技巧：**

在"移动"下面单击向上或向下的箭头可以改变宝贝分类显示的顺序。

❷ 单击"添加图片"后，选择"插入图片空间图片"单选框，在"从图片空间选择"对话框中选择"本月新品"后，双击图片，如图6-121所示。

图6-121　选择插入的图片

❸ 此时在"分类图片"中可以预览插入的图片，再将"本周新品"图片插入后，单击"编辑"
按钮，如图6-122所示。

图6-122　预览插入的图片

❹ 单击"编辑"按钮后，进入装修界面，就可以看到显示的子分类图片，如图6-123所示。

图6-123　子分类图片效果

❺ 使用同样的方法可为其他分类添加子分类，效果如图6-124所示。

图6-124　分类图片效果

❻ 单击右上角的"发布"按钮，即可在店铺中显示装修效果。

☾ 温馨提示：

　　宝贝分类制作完毕后，可以在"宝贝分类"的编辑状态下，在"宝贝管理"标签中对商品宝贝进行分类管理，如图6-125所示。

图6-125　分类管理

6.9.3 应用悬浮导航

无论查看店铺的哪屏位置时，悬浮导航功能都会显示在当前屏的左侧。下面以户外的店铺作为运营对象，讲解悬浮导航功能在网店中的使用方法。

操作步骤：

❶ 进入"店铺装修"页面，打开"模块"菜单，拖动"悬浮导航"模块到全屏轮播图左侧位置，如图6-126所示。

❷ 在悬浮导航处单击"编辑"按钮，如图6-127所示。

图6-126 拖动悬浮导航模块

图6-127 单击"编辑"按钮

❸ 进入"悬浮导航"对话框并设置位置，如图6-128所示。

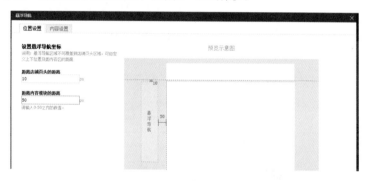

图6-128 设置位置

❹ 位置设置完毕后，再设置内容，在"添加导航栏图片"下面单击"上传图片"按钮，再"从图片空间选择"中选择悬浮导航图片，如图6-129所示。

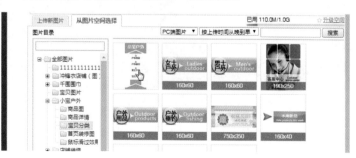

图6-129 选择悬浮导航图片

⑤ 在"添加点击热区"处设置链接地址，依次再添加三个热区，效果如图6-130所示。

⑥ 设置完毕后单击"确定"按钮，此时即可添加悬浮导航，再单击右上角的"发布站点"按钮，就可以看到悬浮导航的效果，如图6-131所示。

图6-130　悬浮导航热区链接　　　　　　　图6-131　悬浮导航的效果

6.10　店铺公告模板的使用

设在淘宝网店内的店铺公告可以让大家更快地了解本店的相关信息。

本节将以户外商品的店铺作为装修对象，讲解店铺公告模板的使用方法。

操作步骤：

① 启动Dreamweaver软件，插入表格后，将第3章制作的切片插入表格，如图6-132所示。

图6-132　插入表格

② 删除公告空白区域的图片，将其以背景的方式插入，如图6-133所示。

图6-133 插入背景图片

❸ 在"素材中心"选择图片下面的链接复制图片地址，如图6-134所示。

图6-134 复制图片地址

❹ 转换到Dreamweaver的"代码"模式中，选择背景图片代码，按Ctrl+V键将其粘贴，如图6-135所示。

```
<table width="750" height="45" border="0" cellpadding="0" cellspacing="0">
    <tbody>
        <tr>
            <td background="file:///D|/      /店铺运营-网店视觉营销指南/源文件/第4章/images/750店铺公告模板设计.gif"> </td>
        </tr>
    </tbody>
</table>
```

```
<table width="750" height="45" border="0" cellpadding="0" cellspacing="0">
    <tbody>
        <tr>
            <td background="https://img.alicdn.com/imgextra/i2/656610732/TB2U9.XXY0kpuFjy0FjXXcBbVXa_!!656610732.gif"> </td>
        </tr>
    </tbody>
</table>
```

图6-135 粘贴代码地址

❺ 使用同样的方法将Dreamweaver中的其他图片地址都替换成"素材中心"中的地址，如图6-136所示。

```
1    <html>
2    <head>
3    <title>750店铺公告模板制作</title>
4    <meta http-equiv="Content-Type" content="text/html; charset=utf-8">
5    </head>
6    <body bgcolor="#FFFFFF" leftmargin="0" topmargin="0" marginwidth="0" marginheight="0">
7    <!-- Save for Web Slices (750店铺公告模板制作.psd) -->
8    <table id="__01" width="750" height="400" border="0" cellpadding="0" cellspacing="0">
9        <tr>
10           <td colspan="3">
11               <img src="https://img.alicdn.com/imgextra/i2/656610732/O1CN011buPZ61HHIatxMBTP_!!656610732.gif" height="129" alt=""></td>
12           </tr>
13        <tr>
14           <td rowspan="2">
15               <img src="https://img.alicdn.com/imgextra/i2/656610732/O1CN01mG67zp1HHIavIJ1B0_!!656610732.jpg" width="59" height="271" alt=""></td>
16           <td background="https://img.alicdn.com/imgextra/i2/656610732/O1CN016IN3oi1HHayKcq9i_!!656610732.jpg" width="204" height="194"></td>
17           <td rowspan="2">
18               <img src="https://img.alicdn.com/imgextra/i3/656610732/O1CN01k9Q91N1HHIb0Swk3M_!!656610732.jpg" width="487" height="271" alt=""></td>
19           </tr>
20        <tr>
21           <td>
22               <img src="https://img.alicdn.com/imgextra/i3/656610732/O1CN01XVKFmS1HHIaxs9nrh_!!656610732.jpg" width="204" height="77" alt=""></td>
23           </tr>
24   </table>
```

图6-136　粘贴代码地址

⑥ 在Dreamweaver中转换到"设计"模式，在插入背景的表格中键入文字：户外商品新年促销。声明：本店商品购买后会按照您的地址通过快递快速送到您的手上，如在港澳及海外地区可通过顺丰快递，只是费用需要补加。效果如图6-137所示。

图6-137　输入文字

⑦ 在文字前面单击鼠标，转换为"代码"模式，输入从左向右移动的代码，如图6-138所示。

```
1    <html>
2    <head>
3    <title>750店铺公告模板制作</title>
4    <meta http-equiv="Content-Type" content="text/html; charset=utf-8">
5    </head>
6    <body bgcolor="#FFFFFF" leftmargin="0" topmargin="0" marginwidth="0" marginheight="0">
7    <!-- Save for Web Slices (750店铺公告模板制作.psd) -->
8    <table id="__01" width="750" height="400" border="0" cellpadding="0" cellspacing="0">
9        <tr>
10           <td colspan="3">
11               <img src="https://img.alicdn.com/imgextra/i2/656610732/O1CN011buPZ61HHIatxMBTP_!!656610732.gif" height="129" alt=""></td>
12           </tr>
13        <tr>
14           <td rowspan="2">
15               <img src="https://img.alicdn.com/imgextra/i2/656610732/O1CN01mG67zp1HHIavIJ1B0_!!656610732.jpg" width="59" height="271" alt=""></td>
16           <td background="https://img.alicdn.com/imgextra/i2/656610732/O1CN016IN3oi1HHayKcq9i_!!656610732.jpg" width="204" height="194"><marquee
    direction="up" behavior="scroll" scrollamount="1" scrolldelay="0"  height="194" width="204"><span class="STYLE1">户外商品新年促销。声明：本店商品购
    买后会按照您的地址通过快递快速送到您的手上，如在港澳及海外地区可通过顺丰进行快递，费用要进行补加。</span></marquee></td>
17           <td rowspan="2">
18               <img src="https://img.alicdn.com/imgextra/i3/656610732/O1CN01k9Q91N1HHIb0Swk3M_!!656610732.jpg" width="487" height="271" alt=""></td>
19           </tr>
20        <tr>
21           <td>
22               <img src="https://img.alicdn.com/imgextra/i3/656610732/O1CN01XVKFmS1HHIaxs9nrh_!!656610732.jpg" width="204" height="77" alt=""></td>
23           </tr>
24   </table>
25   <!-- End Save for Web Slices -->
26   </body>
27   </html>
```

图6-138　输入代码

⑧ 在"代码"模式下按Ctrl+A键，再按Ctrl+C键复制代码，如图6-139所示。

```
1   <html>
2   <head>
3   <title>750店铺公告模板制作</title>
4   <meta http-equiv="Content-Type" content="text/html; charset=utf-8">
5   </head>
6   <body bgcolor="#FFFFFF" leftmargin="0" topmargin="0" marginwidth="0" marginheight="0">
7   <!-- Save for Web Slices (750店铺公告模板制作.psd) -->
8   <table id="__01" width="750" height="400" border="0" cellpadding="0" cellspacing="0">
10      <tr>
10          <td colspan="3">
11              <img src="https://img.alicdn.com/imgextra/i2/656610732/O1CN011buPZ61HHIatxMBTP_!!656610732.gif" height="129" alt=""></td>
12      </tr>
13      <tr>
14          <td rowspan="2">
15              <img src="https://img.alicdn.com/imgextra/i2/656610732/O1CN01mG67zp1HHIavIJ1B0_!!656610732.jpg" width="59" height="271" alt=""></td>
16          <td background="https://img.alicdn.com/imgextra/i2/656610732/O1CN016IN3oi1HHIayKcq9i_!!656610732.jpg" width="204" height="194"><marquee
    direction="up" behavior="scroll" scrollamount="1" scrolldelay="0" height="194" width="204"><span class="STYLE1">户外商品新年促销。声明: 本店商品购
    买后会按照您的地址通过快递迅速送到您的手上, 如在港粤及海外地区可通过顺丰通快递, 费用要进行补加。</span></marquee></td>
17          <td rowspan="2">
18              <img src="https://img.alicdn.com/imgextra/i3/656610732/O1CN01k9Q9N1HHIb0Swk3M_!!656610732.jpg" width="487" height="271" alt=""></td>
19      </tr>
20      <tr>
21          <td>
22              <img src="https://img.alicdn.com/imgextra/i3/656610732/O1CN01XVKFmS1HHIaxs9nrh_!!656610732.jpg" width="204" height="77" alt=""></td>
23      </tr>
24  </table>
25  <!-- End Save for Web Slices -->
26  </body>
27  </html>
```

图6-139 复制代码

⑨ 进入淘宝后台, 选择"店铺装修"功能, 在左侧的"模块"中, 拖曳"自定义"到右侧广告下面, 为其添加一个"自定义内容区", 单击"编辑"按钮, 如图6-140所示。

图6-140 单击"编辑"按钮

⑩ 进入"自定义内容区"对话框, 勾选"不显示"单选框, 单击↔(源码)按钮, 进入代码模式, 按Ctrl+V键粘贴之前复制的代码, 如图6-141所示。

图6-141 粘贴代码

⓫ 单击"确定"按钮，完成右侧店铺公告的设置，此时就会看到公告文字从下向上滚动，如图6-142所示。

图6-142　店铺公告的使用效果

☽ 温馨提示：

　　如果在网店中设置较短的店铺公告，我们可以插入背景图片后，在代码中将方向设置成从左向右。

⓬ 单击右上角的"发布"按钮，此时在网店中就可以看到店铺公告了，如图6-143所示。

图6-143　店铺公告在网店中

图6-143 店铺公告在网店中（续）

6.11 店铺收藏的应用

在淘宝网店中设置店铺收藏的意义在于引起买家的注意，吸引更多的人自愿收藏本店铺，成为日后购买同类商品的首选。

此节将以户外商品的店铺作为装修对象，讲解店铺收藏的使用方法。

6.11.1 获取店铺收藏的代码

想要自己的店铺被买家通过图片收藏，就需要获得收藏代码。

操作步骤：

❶ 在 Photoshop 中虽然已经制作了"店铺收藏"图片，但是不能直接使用，如果要为图片添加"收藏店铺"功能，首先要在自己店铺的右上角处单击"收藏店铺"按钮，如图6-144所示。

图6-144 单击"收藏店铺"按钮

② 单击"收藏店铺"按钮后，系统就会弹出一个提示框，单击"确认"按钮，提示不能收藏自己的店铺，如图6-145所示。

图6-145　提示框

③ 这里我们可以忽略提示，在提示框中右击鼠标，在弹出的菜单中执行"属性"命令，如图6-146所示。

图6-146　选择"属性"命令

④ 在弹出的"属性"对话框中获取地址（URL）后面的代码，并按Ctrl+C键复制，如图6-147所示。

⑤ 复制完毕后单击"确定"按钮，完成代码的获取。最好将代码以文本的形式存储以备后用，如图6-148所示。

图6-147　复制代码　　　　　　　　图6-148　存储代码

6.11.2 店铺收藏的应用

代码获取完成后，就需要将其应用到网店中。

操作步骤：

❶ 从淘宝后台进入卖家中心的"装修店铺"中，在装修界面的右侧部分添加一个自定义模块，在"自定义内容区"中单击"编辑"按钮，如图6-149所示。

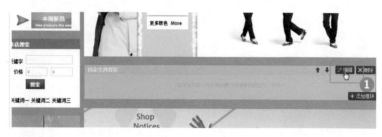

图6-149　添加模块

❷ 进入"自定义内容区"对话框，设置参数后单击"插入图片空间图片"按钮，如图6-150所示。

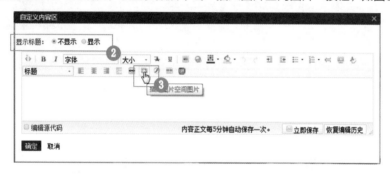

图6-150　"自定义内容区"对话框

❸ 在"从图片空间选择"中选择图片并单击"插入"按钮，再单击"完成"按钮，如图6-151所示。

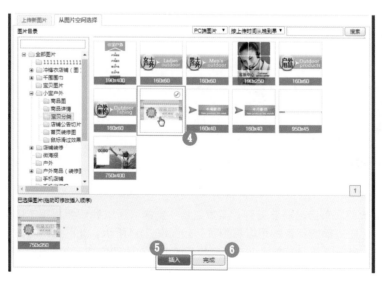

图6-151　插入图片

④ 在"自定义内容区"双击插入的图片,在弹出的"图片"对话框中,将之前获取的代码粘贴到"链接网址"后面,如图6-152所示。

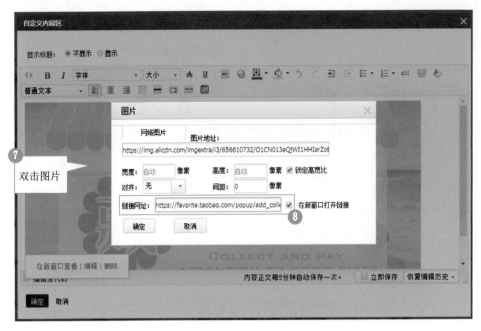

图6-152 粘贴代码

⑤ 设置完毕后单击"确定"按钮,此时就可以完成图片链接代码的添加任务,再在"自定义内容区"单击"确定"按钮,此时在装修界面中就可以看到插入的图片,如图6-153所示。

图6-153 装修界面效果

⑥ 此时的店铺效果只有自己能够看到,买家是看不到的。所以我们要再单击店铺右上角的"发布"按钮,此时店铺的买家都可以看到了,如图6-154所示。此时将鼠标指针移到"店铺收藏"图片上,鼠标指针就会变成小手的形状,单击即可收藏店铺,如图6-155所示。

图6-154　店铺界面

图6-155　鼠标移到图片处

6.12　客服的应用

　　在淘宝网店中设置"客服"的意义在于可以和买家直接通过"旺旺"进行交流，帮助买家更好地了解产品信息。

　　本节将以户外商品的店铺作为装修对象，讲解"联系我们"的应用方法。

6.12.1 为制作的图片创建切片并导出网页

为图片创建切片后，更容易对其进行编辑，导出网页是为了更好地在网店后台进行操作。

操作步骤：

❶ 在Photoshop中打开之前制作的"客服"文件，使用 ![切片工具] （切片工具）创建切片，如图6-156所示。

❷ 切片创建完毕后，执行菜单栏中的"文件"｜"存储为Web所用格式"命令，在"存储为Web所用格式"对话框中设置切片，如图6-157所示。

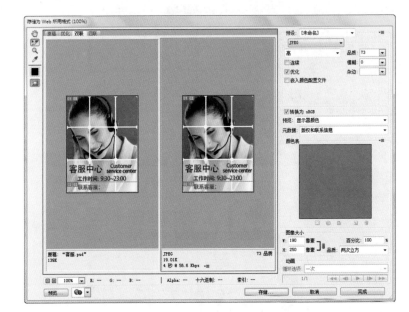

图6-156　创建切片　　　　　　　　　　图6-157　存储为Web所用格式

❸ 设置完毕后，单击"存储"按钮，打开"将优化结果存储为"对话框，设置如图6-158所示。

图6-158　"将优化结果存储为"对话框

④ 设置完毕后，单击"保存"按钮，存储后的效果如图6-159所示。

图6-159 存储后的效果

6.12.2 在Dreamweaver中生成代码

在 Dreamweaver 中，可以将 Photoshop 中导出的网页文件生成代码，并编辑处理。

操作步骤：

① 启动Dreamweaver软件，打开前面存储的网页文档，如图6-160所示。

图6-160　打开文档

❷ 将表格的"宽度"与"高度"设置成与切片大小一致，将下面的图像以背景的形式插入，如图6-161所示。

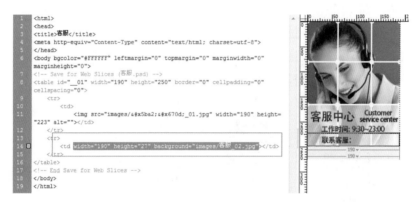

图6-161　插入背景

❸ 在下面表格中插入一个1行2列的表格，设置左面的单元格"高度"为27、"宽度"为95，如图6-162所示。

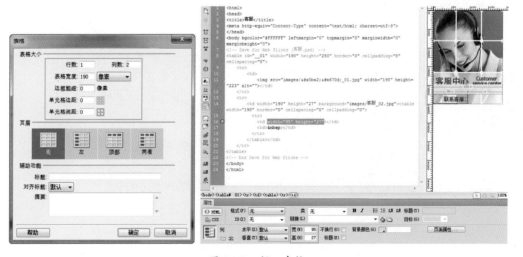

图6-162　插入表格

6.12.3　在旺遍天下中获取代码

　　客服的代码可以在"旺遍天下"中生成。

操作步骤：

❶ 在浏览器中输入http://www.tbzxiu.com/wangwang.htm，进入"旺遍天下"页面，选择自己喜欢的风格，如图6-163所示。

图6-163　选择风格

❷ 填写相应的信息，如图6-164所示。

图6-164　填写信息

❸ 直接单击"生成网页代码"按钮，再单击下面的"复制代码"按钮复制代码，如图6-165所示。

图6-165　复制代码

6.12.4　在Dreamweaver中应用代码并替换图片的代码

　　在"旺遍天下"中获得代码后，就需要在淘宝后台进行操作了，这里最好通过Dreamweaver将代码和图片加以整合。

操作步骤：

❶ 返回到Dreamweaver中，选择下面左边的单元格，在"拆分"中粘贴复制网页代码，如图6-166所示。

图6-166　粘贴代码

❷ 将保存的切片图片上传到"素材中心",选择"客户_01"图片后,在下面出现的符号中单击"复制链接"按钮 📄,如图6-167所示。

❸ 返回到Dreamweaver中,替换之前图片的链接,如图6-168所示。再替换"客户_02"图片的链接,如图6-169所示。

全部图片 / 小宝户外 / 客服切片

☐ 全选

客服_02.jpg　　　　客服_01.jpg

图6-167　复制链接

```
4   <meta http-equiv="Content-Type" content="text/html; charset=utf-8">
5   </head>
6   <body bgcolor="#FFFFFF" leftmargin="0" topmargin="0" marginwidth="0"
    marginheight="0">
7   <!-- Save for Web Slices (客服.psd) -->
8   <table id="__01" width="190" height="250" border="0" cellpadding="0"
    cellspacing="0">
9       <tr>
10          <td>
11              <img src=
    "https://img.alicdn.com/imgextra/i2/656610732/O1CN01dMpgUN1HHIb1CSOnz_!!656
    610732.jpg" width="190" height="223" alt=""></td>
12          </tr>
13          <tr>
14              <td width="190" height="27" background="images/客服_02.jpg"><table
    width="190" border="0" cellspacing="0" cellpadding="0">
15                  <tr>
16                      <td width="95" height="27"></td>
17                      <td><a target="_blank" href=
    "http://amos.im.alisoft.com/msg.aw?v=2&uid=%E5%8D%83%E5%9B%B4%E9%A5%B0%E5%9
    3%81&site=cntaobao&s=1&charset=utf-8" ><img border="0" src=
    "http://amos.im.alisoft.com/online.aw?v=2&uid=%E5%8D%83%E5%9B%B4%E9%A5%B0%E
    5%93%81&site=cntaobao&s=1&charset=utf-8" alt="联系我们" /></a></td>
18                  </tr>
19              </table></td>
20          </tr>
21  </table>
```

图6-168 替换链接

```
4   <meta http-equiv="Content-Type" content="text/html; charset=utf-8">
5   </head>
6   <body bgcolor="#FFFFFF" leftmargin="0" topmargin="0" marginwidth="0"
    marginheight="0">
7   <!-- Save for Web Slices (客服.psd) -->
8   <table id="__01" width="190" height="250" border="0" cellpadding="0"
    cellspacing="0">
9       <tr>
10          <td>
11              <img src=
    "https://img.alicdn.com/imgextra/i2/656610732/O1CN01dMpgUN1HHIb1CSOnz_!!656
    610732.jpg" width="190" height="223" alt=""></td>
12          </tr>
13          <tr>
14              <td width="190" height="27" background=
    "https://img.alicdn.com/imgextra/i1/656610732/O1CN01mTQKvE1HHIb3ULQdG_!!656
    610732.jpg"><table width="190" border="0" cellspacing="0" cellpadding="0">
15                  <tr>
16                      <td width="95" height="27"></td>
17                      <td><a target="_blank" href=
    "http://amos.im.alisoft.com/msg.aw?v=2&uid=%E5%8D%83%E5%9B%B4%E9%A5%B0%E5%9
    3%81&site=cntaobao&s=1&charset=utf-8" ><img border="0" src=
    "http://amos.im.alisoft.com/online.aw?v=2&uid=%E5%8D%83%E5%9B%B4%E9%A5%B0%E
    5%93%81&site=cntaobao&s=1&charset=utf-8" alt="联系我们" /></a></td>
18                  </tr>
```

图6-169 替换链接

6.12.5 联系我们的应用

代码、图片全部弄好之后，就需要进行最后的应用，让其真正发挥作用。

操作步骤：

❶ 进入装修界面，在"宝贝分类"的下面新建一个自定义模块，如图6-170所示。

图6-170 新建自定义模块

❷ 单击"编辑"按钮，进入"自定义内容区"对话框，再单击 "源码"按钮，进入代码编辑区，将Dreamweaver中的代码全部复制，并将其粘贴到"自定义内容区"中的代码区，如图6-171所示。

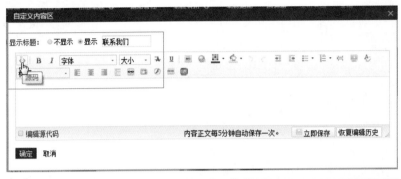

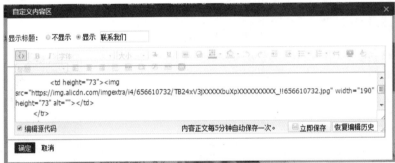

图6-171 编辑

❸ 单击 "源码"按钮，返回图像编辑区，此时可以看到效果，如图6-172所示。

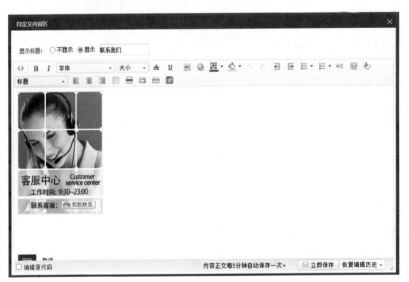

图6-172 效果

❹ 单击"确定"按钮，此时的店铺效果只有自己能够看到，买家是看不到的。所以此时必须再单击店铺右上角的"发布站点"按钮，发布后店铺买家就可以看到了，如图6-173所示。

图6-173 最终效果

6.13　详情页广告的应用

在淘宝网店中，详情页一般会放在"宝贝描述"区域，只要将"详情页广告"插入"宝贝描述"区域，就可以在选择该宝贝时看到详情页的图片或文字了。

本节以户外的店铺作为装修对象，下面就为大家讲解一下详情页广告的应用方法。

操作步骤：

❶ 进入淘宝卖家后台，直接单击左侧"宝贝管理"下面的"发布宝贝"选项，如图6-174所示。

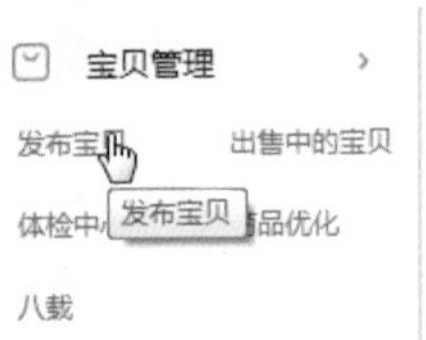

❷ 进入发布界面后先上传商品主图，再选择确认商品类目的类型，如图6-175所示。

图6-174　选择发布宝贝

图6-175　发布界面

❸ 单击"下一步，完善商品信息"按钮，进入宝贝信息填写页面，如图6-176所示。

图6-176 填写宝贝基本信息

④ 这里只要填写带*的选项部分，在"电脑端描述"区域，单击"图像"按钮，如图6-177所示。

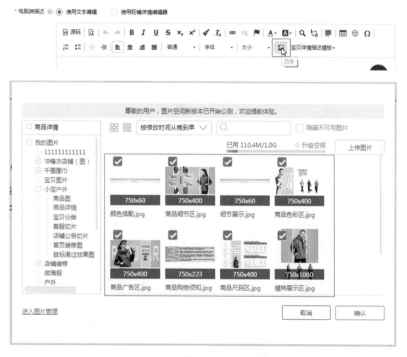

图6-177 单击"图像"按钮

⑤ 选择图像后，单击"确认"按钮，即可将制作的详情图插入"电脑端描述"区域，如图6-178所示。

图6-178　选择详情页图像

⑥ 全部设置完毕后单击"发布"按钮，如图6-179所示。

图6-179　单击"发布"按钮

⑦ 发布30分钟后，就可以看到发布的宝贝，在网店中单击刚才上传的宝贝，就可以看到对宝贝的详情介绍，如图6-180所示。

图6-180　详情页

C 温馨提示：

详情页图片的添加可以直接在"淘宝旺铺"中单击"详情装修"进入"商品装修"，选择对应商品的"装修详情"；也可以在"页面编辑"中的"默认宝贝详情页"中进行装修添加；还可以在"店铺装修"中的"宝贝详情页"中进行"装修页面"设置，如图6-181所示。

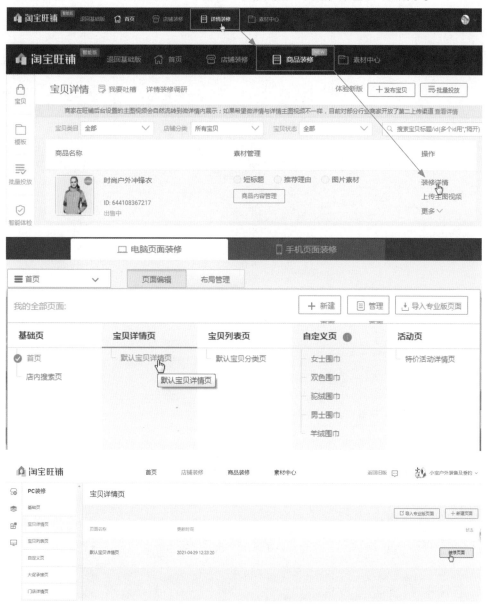

图6-181　编辑详情页路径